Entdecke die Macht des Bewusstseins

Meine Lebensgeschichte

Heinz Krug

Erste Auflage: Mai 2022

Verlag: Heinz Krug

Autor E-Mail-Kontakt: heinz@gehirnsoftware.com

Webseite: siddhipower.com

Haftungsausschluss

Inhalt des Buchs

Autor, Herausgeber und Verlag übernehmen keinerlei Gewähr für die Aktualität, Korrektheit, Vollständigkeit oder Qualität der bereitgestellten Informationen. Haftungsansprüche gegen den Autor oder den Verlag, welche sich auf Schäden materieller oder ideeller Art beziehen, die durch die Nutzung oder Nichtnutzung der dargebotenen Informationen bzw. durch die Nutzung fehlerhafter und unvollständiger Informationen verursacht wurden, sind grundsätzlich ausgeschlossen, sofern seitens des Autors kein nachweislich vorsätzliches oder grob fahrlässiges Verschulden vorliegt.

Gesundheit

Dieses Buch hat den Zweck, unseren Lesern Informationen über die besprochenen Themen bereitzustellen. Dieses Buch soll nicht dazu benutzt werden, um medizinische Krankheitsbilder zu diagnostizieren oder zu behandeln. Für die Diagnose oder Behandlung medizinischer Probleme holen Sie den Rat ihres Arztes. Herausgeber, Autor oder Verlag sind nicht verantwortlich für die Gesundheits- oder Allergiebedürfnisse, die einer medizinischen Überwachung bedürfen und sind auch nicht haftbar für Schäden oder negative Auswirkungen irgendwelcher Behandlungen, Tätigkeiten, Anwendungen oder Mittel für Personen, die dieses Buch lesen. Referenzen gelten nur als Information und nicht als Empfehlung irgendwelcher Webseiten oder anderer Quellen.

Urheber- und Kennzeichenrecht

Der Autor ist bestrebt, in allen Publikationen die Urheberrechte der verwendeten Bilder, Grafiken, Tondokumente, Videosequenzen und Texte zu beachten, von ihm selbst erstellte Bilder, Grafiken, Tondokumente, Videosequenzen und Texte zu nutzen oder auf lizenzfreie Grafiken, Tondokumente, Videosequenzen und Texte zurückzugreifen.

Alle innerhalb des Buchs genannten und ggf. durch Dritte geschützten Marken und Warenzeichen unterliegen uneingeschränkt den Bestimmungen des jeweils gültigen Kennzeichenrechts und den Besitzrechten der jeweiligen eingetragenen Eigentümer. Allein aufgrund der bloßen Nennung ist nicht der Schluss zu ziehen, dass Marken nicht durch Rechte Dritter geschützt sind!

Das Copyright für veröffentlichte, vom Autor selbst erstellte Objekte bleibt allein beim Autor des Buchs. Eine Vervielfältigung oder Verwendung solcher Grafiken, Tondokumente, Videosequenzen und Texte in anderen elektronischen oder gedruckten Publikationen ist ohne ausdrückliche Zustimmung des Autors nicht gestattet.

Rechtswirksamkeit dieses Haftungsausschlusses

Sofern Teile oder einzelne Formulierungen dieses Haftungsausschlusses der geltenden Rechtslage nicht, nicht mehr oder nicht vollständig entsprechen sollten, bleiben die übrigen Teile des Dokumentes in ihrem Inhalt und ihrer Gültigkeit davon unberührt.

ISBN 978-0-9955961-7-7

siddhipower.com

10 9 8 7 6 5 4 3 2

अहं ब्रह्मास्मि

aham brahmāsmi

Ich bin die Ganzheit

Die Webseite zum Buch:

siddhipower.com

1

Einleitung

Inhaltsverzeichnis

Kapitel 1 - Einleitung

Inhaltsverzeichnis

Kapitel 1 - Einleitung

Vorwort zur ersten Auflage

Liebe Leserin, lieber Leser! Seit der Erstausgabe des Buchs Gehirnsoftware, das ich zusammen mit Gerd Unruh im April 2017 veröffentlicht habe, hat sich viel Neues getan. Aus dem Vedischen Wissen, das wir dort in eine moderne Sprache übersetzt haben, gelang es mir nach und nach ein vollständiges Trainings-System zu entwickeln. Das Gehirnsoftware-System hilft Menschen schnell und effektiv, alle höheren Bewusstseinszustände für sich selbst zu erschließen und im täglichen Leben zu genießen.

Somit war es auch eine ganz natürliche Entwicklung, dass sich immer mehr Leser für dieses System begeistert und es in ihrem eigenen Leben umgesetzt haben. Vor allem in den letzten zwei Jahren, 2019 und 2020 hat das Interesse für meine Trainings stetig zugenommen. Meine Gehirnsoftware-Methode, die auf dem Wissen aus den Yoga Sutras des Patanjali aufbaut, hat ihre Praxistauglichkeit nun eindeutig bewiesen.

Was wir früher als das Erreichen höherer Bewusstseinszustände bezeichneten, haben viele Menschen häufig nur mit größter Ehrfurcht betrachtet. Die Folge war, dass sie dadurch die Erleuchtung immer wieder als ein großes Ziel von sich weg, in eine ferne Zukunft geschoben haben. Diese wichtigste Veränderung im Leben des Menschen ist nun ganz einfach geworden und kann wirklich schnell realisiert werden.

Erleuchtung beschreibe ich jetzt als das Installieren einer neuen Version der Gehirnsoftware. Damit wird bei meinen Lesern und Trainings-Teilnehmern ein stark wirkender Glaubenssatz aufgelöst. Es ist der Glaube oder die Überzeugung, dass alles Gute auch eine lange Zeit benötigen würde.

Vorwort zur ersten Auflage

In der spirituellen Praxis hat sich daraus über die Jahrhunderte etwas Unnatürliches herausgebildet, nämlich der feste Grundsatz vieler spiritueller Systeme, dass nur Mühe und Anstrengung und lange Übungen zur Erleuchtung führen können. Dieses ist völlig unbegründet und wird auch durch viele Beispiele aus der Vedischen Literatur widerlegt.

Das inspirierendste Werk in Bezug darauf war für mich das Yoga des Vasishta. Er war einer der ersten Lehrer einer langen Tradition von erleuchteten Meistern, der es geschafft hat, mit seinen Lehren Menschen an einem Tag in den höchsten Bewusstseinszustand zu begleiten. Durch sein Yoga des Wissens gelang es Vasishta, bei manchen seiner aufmerksamen Zuhörer eine sofortige und permanente Veränderung des Bewusstseins zu erreichen. Dazu mussten nur die richtigen Wissens-Schalter in der richtigen Sequenz gedrückt werden und schon öffnete sich das Tor zur Erleuchtung.

Heute sind wir wieder in einer ähnlichen Situation. Wir stehen an einem Wendepunkt der großen Zeitalter. Das dunkle Zeitalter geht zu Ende und das goldene Zeitalter beginnt. Nach Aussagen der Puranas, einem anderen Teil der Vedischen Literatur, ist es in dieser Zeit enorm einfach geworden, ganz schnell erleuchtet zu werden. Diese Zeit ist jetzt!

Jetzt ist es möglich geworden, durch eine ganz einfache Aktivierung bestimmter Bewusstseins-Schalter eine permanente, positive Änderung der Gehirnsoftware zu erreichen. Erleuchtung ist nichts anderes, als das Installieren einer besseren Version der Gehirnsoftware. Hierfür gibt es mehrere Installationsphasen, die jedoch alle in recht kurzer Zeit stattfinden können.

Oft werde ich gefragt, warum jemand dieses Wissen nicht schon vor 10, 20 oder 30 Jahren von seinem spirituellen Lehrer erfahren konnte? Viele sind dabei in einen Lehrer oder eine Lehre so verliebt, dass sie es für absolut unmöglich halten, dass es jemals auf der Erde noch ein wirkungsvolleres Wissen geben könnte. Dies ist aber der alte religiöse, dogmatische Ansatz in Bezug auf Wissen. Der wissenschaftliche Ansatz ist ein ganz anderer. Wissen entwickelt sich weiter. Wissen bleibt niemals auf der gleichen Stufe stehen und wahres Wissen erstarrt auch nicht, sondern bleibt immer eine dynamische Ganzheit mit einem realen Bezug zur Welt, in der sich sogar ganze Zeitalter ändern.

Was ist nun die Macht des Bewusstseins, die jeder und jede bei sich selbst aktivieren kann? Es ist eigentlich die Fähigkeit, den eigenen Denkprozess mit der Realität des Universums abzugleichen.

Das bedeutet zum einen, dass meine Gedanken automatisch die Realität richtig erfassen, dass die Wahrheit intuitiv erkannt wird und auch das Timing optimal an die Realität angepasst ist. Die Gedanken kommen also immer zur richtigen Zeit. Zum anderen bedeutet es aber auch, dass sich die Realität an meinen Denkprozess anpasst. Die Gedanken manifestieren sich also ganz spontan. Der letzte Ausdruck der Yoga Sutras, ihr eigentliches Ziel, bezieht sich genau auf diese beiden, auf das reine Bewusstsein (Citi) und auf seine organisierende Macht (Shakti).

Ich rechne es nicht als meinen eigenen Verdienst, ein altes Wissen wieder entdeckt zu haben, das mit der richtigen Übersetzung heute sehr viel effektiver funktioniert als noch vor zehn Jahren. Vielmehr ist die Zeit jetzt wieder reif, dass ein solches effektives Wissen entdeckt, in die Praxis umgesetzt und von vielen glücklichen Menschen angewendet werden kann.

Dieses Wissen haben wir schon im Buch Gehirnsoftware genau dargestellt. Für manche war das 480-seitige Werk aber zu viel. Gerd Unruh und ich hatten ein Lehrbuch zu den Yoga Sutras geplant. Es sollte ein Nachschlagewerk sein, um den korrekten Bezug zum Sanskrit-Original herzustellen.

Somit habe ich in den letzten drei Jahren immer wieder Anregungen von Lesern und Leserinnen erhalten, das Ganze etwas einfacher zu beschreiben. Diesen Wünschen möchte ich mit meinem neuen Buch nachkommen.

Jetzt habe ich meinen langen Weg auf der Suche nach korrektem Wissen in einem neuen Format beschrieben. Ich möchte dir, lieber Leser, liebe Leserin am Beispiel meines eigenen Lebens zeigen, wie die Suche nach perfektem Wissen gelingen kann. Dabei erwarte ich aber keineswegs, dass es bei dir noch einmal so langwierig sein müsste, wie es bei mir war. Ganz im Gegenteil! Im Buch möchte ich dir zeigen, dass nicht die lange Übung zum Erfolg führt, sondern einzig das richtige und richtig angewendete Wissen.

Mein Leben war schon eine unterhaltsame Reise und ist ja auch noch lange nicht zu Ende. Meine Reisebeschreibung soll dich inspirieren, so schnell wie möglich das höchste Bewusstsein zu erreichen und damit ein unendlich glückliches, interessantes, inspirierendes Leben zu leben, ohne

Probleme und Hektik, dafür aber immer wieder erfrischt aus der unerschöpflichen Quelle reinen Wissens und unendlicher Energie. Alles ist machbar! Alles ist erreichbar!

Heinz Krug, November 2020

Vorwort zur Neuauflage

Wieder ist ein gutes Jahr vergangen und ich habe bemerkt, dass meine schnellen Siddhi-Trainings sehr beliebt sind und außerordentlich gute Resultate bringen. Dennoch ist das Wort ‚Siddhi‘ vielen noch ein Rätsel. So habe ich mich entschlossen, den Titel des Buchs zu ändern. Was früher ‚Aktiviere Deine Siddhi Power‘ hieß, veröffentliche ich jetzt neu unter dem Titel ‚Entdecke die Macht des Bewusstseins‘. Außerdem habe ich den Umschlag mit meinen selbst geschaffenen fraktalen Bildern neu gestaltet. Auf diese Weise soll die wunderbare Methode der Gehirnsoftware einer breiteren Leserschaft zugänglich gemacht werden.

Der Buchinhalt ist im Wesentlichen der gleiche geblieben, nämlich hauptsächlich meine Lebensgeschichte und meine Entdeckungsreise der Gehirnsoftware. Auch sollte die Aufforderung, erst einmal die Macht des Bewusstseins zu entdecken, nicht mehr zur Erwartung führen, dass im Buch bereits alle Geheimnisse offenbart werden. Dazu bedarf es schon eines ausführlichen Trainings. Diese Trainings haben es allerdings in sich. Sie wirken schnell und sanft mit anhaltenden positiven Ergebnissen.

Heinz Krug, Februar 2022

2

Wie ich die Geheimnisse des Bewusstseins entdeckte

Der Beginn einer lebenslangen Suche

Schon als Schüler auf dem Gymnasium habe ich eine meiner größten Interessen entdeckt. Es war diese eigenartige Sehnsucht, mein eigenes Bewusstsein vollständig erforschen und verstehen zu wollen.

Eigentlich begann alles ganz plötzlich. In meiner Geburtsstadt Bamberg besuchte ich ein naturwissenschaftliches Gymnasium und entdeckte eines Tages das Bild eines indischen Yogis[1] mit einigen eigenartigen Sprüchen, wie „Wissen ist im Bewusstsein strukturiert." Irgendwie faszinierte mich dieses Gesicht und auch die Sprüche strahlten eine besondere Weisheit aus.

Also entschloss ich mich zusammen mit meinem Bruder am Abend diesen Meditationsvortrag zu besuchen. Der Yogi erschien zwar nicht selbst, jedoch sprachen drei Meditationslehrer in seinem Namen. Alles erschien uns ganz einleuchtend und wir besuchten am nächsten Tag einen zweiten Vortrag und erlernten daraufhin diese Meditationstechnik. Wir praktizierten sie auch von Anfang an regelmäßig zweimal am Tag.

Das Lernen für die Schule fiel mir nach und nach immer leichter. Auch wurden meine Noten immer besser. Für einen Schüler war das eine wunderbare Auswirkung der regelmäßigen Meditation. Nach einiger Zeit wurde ich immer kreativer. Die Kunsterziehung konnte ich sogar mit Bestnote abschließen. In den Vorjahren hätte ich das nicht für möglich gehalten.

Gleichzeitig ist auch meine Technikbegeisterung immer mehr gewachsen. Damals kamen gerade die ersten Personal Computer auf den Markt und

---

[1] Yogi ist eine Abkürzung seines längeren Namens. Im Allgemeinen ist er unter einer anderen Abkürzung bekannt. Da dieser andere Kurzname jedoch effektiv als eine eingetragene Marke geschützt ist, werde ich ihn in diesem Buch als den ‚Yogi' bezeichnen. Es wäre zu schade, wenn dieses neu entdeckte Wissen aus der Vedischen Wissenschaft nicht in der ganzen Welt bekannt werden würde, nur weil ein Rechteinhaber meint, dies unterbinden zu müssen.

ich war von Anfang an mit dabei. Zusammen mit einem Schulkollegen übernahmen wir quasi die Computerabteilung in unserer Schule und erklärten den Schülern und auch den Lehrern, wie es geht.

Wir verbrachten regelmäßig unsere freien Nachmittage im Computerraum. Es machte uns eine Riesenfreude, den einzigen Schulcomputer bis zum Limit vollständig mit Programmcode aufzufüllen. Damals war der Programmspeicher nur 2 kByte groß. Also empfahlen wir dem Mathematiklehrer, der den Computer verwaltete, möglichst bald eine Speichererweiterung von 4 kByte zu kaufen. Die kostete damals noch so viel wie ein Fernsehgerät. Wir erklärten Schülern und Lehrern auch in anderen Klassen, wie man mit dem Computer umgeht und zum Beispiel solche tollen Sachen machen konnte, wie die Zahl pi auf 400 Stellen hinter dem Komma auszurechnen. Zeitweise wurde ich dann noch vor meinem Abitur für meinen Computerunterricht vom Bayerischen Staat bezahlt.

Konsequenterweise habe ich dann auch Elektrotechnik studiert. Während des Studiums gab es praktische Semester. Mein Vater hatte mir durch einige gute Beziehungen eine Praktikumsstelle bei Siemens in Erlangen beschafft. Ich durfte in einer Entwicklungsabteilung für Digitalelektronik verschiedenste einfache Tätigkeiten ausführen. Das wurde mir nach einigen Wochen langweilig und ich ersann einen Weg, solche Entwicklungen einfacher und schneller zu bewerkstelligen.

Meine Meditationspraxis habe ich natürlich immer noch fortgesetzt. Eines Tages kam nach einer tiefen Meditation die Vision, wie man solche Elektronik-Entwicklungen ganz anders und wesentlich effektiver durchführen könnte. In meiner eigenen Familie war zwar nicht viel Geld vorhanden, jedoch konnte ich mithilfe eines großzügigen Freundes ein Patent auf diese neue Erfindung anmelden. Nach einigen Jahren und weiteren Investitionen wurde es dann auch endlich genehmigt.

Damals hätte ich mir noch nicht träumen lassen, dass meine neue Methode, Computerchips zu bauen, weltweite Verbreitung finden würde. Heute sind diese Chips in allen Computern zu finden und der weltweite jährliche Umsatz übersteigt $8 Milliarden und wächst immer noch. Für die nächsten zehn Jahre erwarten Analysten, dass etwa die Hälfte aller Computerchips entsprechend meiner ursprünglichen Erfindung fabriziert werden sollen.

Meine Begeisterung für Computer hatte damals mit dem Einreichen der Patentschrift ihren ersten Höhepunkt erreicht. Dann besuchte ich zusammen mit meinem großzügigen Freund für ein halbes Jahr einen Kurs in Frankreich, um Meditationslehrer zu werden. Am Ende des Kurses erlebte ich zum ersten Mal aus nächster Nähe einen der wichtigsten Menschen in meinem Leben. Es war der Yogi, den ich am Anfang meiner Meditationspraxis auf dem Plakat in meiner Heimatstadt gesehen hatte. Er kam zum Abschluss unserer Meditationslehrerausbildung, um uns persönlich in die größten Geheimnisse der Meditation einzuweihen. Seine Aura war unbeschreiblich. Obwohl er körperlich von kleiner Statur war, sah ich ihn so groß wie das ganze Universum. Diese Erfahrung war unendlich attraktiv für mich und es dauerte kein halbes Jahr, bis ich wieder bei ihm war.

Die Vedische Wissenschaft

Ich erinnere mich noch genau an diese schöne Bootsfahrt im Frühjahr 1977 über den Vierwaldstättersee in der Schweiz, die mich mit meinem letzten Geld bis zur Universität meines erleuchteten Lehrers gebracht hatte. Essen zu bekommen war leicht, da konnte man sich einfach in der Speisehalle irgendwo dazu setzen. Mit einem Zimmer war es schon etwas schwieriger und ich hatte wirklich kein Geld mehr, um mir ein Hotelzimmer zu leisten. Also musste ich den Zimmerchef überzeugen, dass ich tatsächlich eingeladen war, um Kurse zu übersetzen. Ich war zwar kein professioneller Englisch-Deutsch Übersetzer, hatte es aber auf früheren Kursen immer mal wieder geübt und fühlte mich dafür fit. Die Arbeit war zwar interessant, aber doch nicht ganz das Richtige für mich.

Ich erzählte von meiner Erfindung und einige der Arbeitskollegen meinten, ich sei doch besser in der Forschungsabteilung der Universität aufgehoben. Sie verschafften mir den Job und das hatte mir dann richtig gut gefallen. Da konnte ich mich nach Herzenslust mit Elektronik und Computertechnologie beschäftigen. Die wissenschaftliche Untersuchung der Meditation hatte damals einen enormen Stellenwert bekommen und in der Forschungsabteilung der Universität beschäftigten wir uns den ganzen Tag damit.

Zuerst begann ich als Assistent und nach einem halben Jahr war ich der Laborleiter. Der vorherige Laborleiter musste aus Visagründen wieder in die USA zurück reisen. Ich unterstand dann direkt dem Vizepräsidenten der Universität, mit dem ich einen guten Austausch pflegte und der immer wieder von meiner Kreativität begeistert war.

Ein anderer großer Vorteil meines Jobs in der Forschungsabteilung war, dass ich damals schon in jungen Jahren an allen wichtigen wissenschaftlichen Konferenzen teilnehmen durfte. Da kamen immer mal wieder Nobelpreisträger, die als Ehrengäste bei diesen speziellen Konferenzen zum Thema Bewusstsein sprachen. Es faszinierte mich ungemein.

So entwickelte sich dann auch ganz spontan mein tiefes Interesse für die Veden, die Vedische Literatur und die Vedische Wissenschaft. Es gab da also ein tiefes Wissen über das Leben und den Kosmos, welches sogar Nobelpreisträger beeindrucken konnte. Mein erleuchteter Lehrer verstand es genial, dieses zeitlose Wissen der Veden in die Sprache der modernen Wissenschaft zu übersetzen. Das war wirklich faszinierend. Physiker, Mathematiker, Chemiker, und auch wir aus dem Forschungslabor ergründeten die tiefsten Geheimnisse des Universums und des reinen Bewusstseins.

Das Wissen steckt im Original

Der schönste Nebeneffekt dieser wissenschaftlichen Erforschung war für mich, dass ich Zeit in der Nähe des erleuchteten Yogis verbringen durfte. Er wurde dann auch bald auf mich aufmerksam und es dauerte weniger als ein Jahr, bis ich eine persönliche Beziehung mit ihm etablieren konnte.

Mein Einstieg bei ihm war grandios, einerseits scheinbar ungeplant, auf der anderen Seite jedoch musste es so kommen. Es war wie von einer höheren Warte aus schon lange so geplant. Ich erinnere mich noch an diesen wunderbaren Tag, an dem ich Linienstreifen auf einen Globus aufgeklebt hatte, um die weltweite Feldwirkung von Meditationsgruppen grafisch darzustellen. Ein befreundeter Arzt aus der Forschungsabteilung, der beim Yogi ein- und ausging, hatte von meinem Globus erzählt. Sofort wurde ich eingeladen, diesen zu präsentieren. Da kniete ich dann vor meinem verehrten Lehrer und überreichte ihm symbolisch meine ganze Welt. Für solche Gesten war er immer aufgeschlossen. Ab dann gab er mir immer wieder Projekte, die ich für ihn durchführte. Das ging über viele Jahre intensiv so weiter und meine Beziehung zu ihm entwickelte sich immer mehr in eine Richtung gegenseitigen Respekts, ja zeitweise sogar in eine Freundschaft.

Er beobachtete, was mich interessierte und verschaffte mir entsprechende Jobs, in die er manchmal auch richtig viel Geld investierte. Neben der Meditation interessierte ihn auch die moderne Technik und Wissenschaft und so hatten wir immer wieder gemeinsame Anknüpfungspunkte.

Nachdem meine wissenschaftliche und technische Ausbildung an der Universität beendet war, während ich gleichzeitig als einer der Leiter des Elektroniklabors arbeitete, holte mich der Yogi näher zu sich, um in einer kleinen Gruppe intensiv die Vedische Wissenschaft zu erforschen. Ich durfte dann auf unseren Weltreisen immer wieder elektronische Anzeigetafeln entwickeln, welche seine neuesten Erkenntnisse aus der Vedischen Wissenschaft einem breiteren Publikum vermittelten. Es ging los auf einem Kurs über die Vedische Wissenschaft in Indien, dann wieder zurück in die Schweiz, dann nach Deutschland, auf einen Abstecher nach Skandinavien, Südamerika und Afrika, dann auf Meditationskurse mit tausenden von Teilnehmern in USA, den Philippinen, Indien und wieder zurück nach Europa.

In vielen dieser Länder waren wir nicht nur zu einem kurzen Besuch, sondern lebten dort für längere Zeit und lernten neue Kulturen, Menschen und Sprachen kennen. Welch eine herrliche Zeit für einen jungen Mann, auf diese Weise die ganze Welt kennen zu lernen! So verbrachte ich insgesamt 14 Jahre auf Weltreisen im Gefolge des Yogi und wurde mit seiner Weltsicht und seiner Art zu denken immer vertrauter.

Anwendung des Vedischen Wissens

Während ich mit dem Yogi um die Welt zog, hatte ich aber auch einige meiner eigenen Grundsätze, die ich niemals aufgab. Einer davon war, dass ich es für einen völligen Widerspruch hielt, um den Weltfrieden zu kämpfen. Die Meditationsorganisation bemühte sich enorm um den Weltfrieden. Ich war für mich selbst aber nicht gewillt, innerhalb der Organisation mit solch edlen Zielen um Posten und Anerkennung zu kämpfen. Folglich hielt ich mich generell aus allen internen Machtkämpfen heraus und fokussierte mich immer mehr nur auf das reine Wissen und das erleuchtete Bewusstsein des Yogi. Diesen Fokus auf das reine Wissen schätzte und belohnte er.

Ich beschäftigte mich also tagein und tagaus mit Wissen. Vom Yogi hatte ich ein wichtiges Prinzip gelernt und verinnerlicht: „Wissen ist der größte Reiniger." Für mich wurde dieses Prinzip zu einer Leitlinie meines Lebens. Das reine Wissen reinigte Körper, Geist und Seele und öffnete mich dafür, schnell und mühelos höhere Bewusstseinszustände zu realisieren.

Wissen begegnete mir auf mehreren Ebenen und überall suchte ich nach immer tieferem Verständnis. Zum einen war da mein umfangreiches technisches und wissenschaftliches Wissen, das ich mir schon früher angeeignet hatte. Es war meine Eintrittskarte in die Welt des Yogis. Damit konnte ich mich für ihn nützlich machen. Im nächsten Kapitel möchte ich noch etwas genauer erklären, wie ich dieses Wissen aus einer früheren Zeit mit Hilfe der Siddhi-Methoden immer weiter erforschen konnte.

Das wohl interessanteste Wissen kam für mich von den täglichen Vorträgen des Yogis. Jeden Abend lauschten wir seinen Reden in der großen Vortragshalle. Während des Tages hatten wir unsere verschiedenen Jobs und am Abend kamen wir alle zusammen. Wir waren eine internationale Gruppe aus allen Ländern der Welt. Wir sprachen alle Englisch, aber mit den eigenen Landsleuten und den Schweizern und Österreichern sprach ich natürlich auch Deutsch.

Der große Vortragssaal, die kleineren Besprechungsräume und die Speisehallen in den alten Hotels wurden nach und nach renoviert. Sie stammten noch aus der Zeit, als der internationale Tourismus in die

Schweiz zu florieren begann. Die Designer und Künstler des Yogis hatten ihre Freude, den alten Glanz der Hotels wiederherzustellen und noch zu übertreffen. Nach einigen Jahren hatten sie ein Niveau erreicht, das sich mit der Pracht von Königshäusern messen konnte. So konnte der Yogi dann auch gelegentlich Personen des öffentlichen Lebens oder Regierungsdelegationen, Minister und Staatspräsidenten empfangen und ihnen einen angemessenen Rahmen bieten.

In dieser edlen Umgebung kamen wir, immer bestens gekleidet, zu unseren abendlichen Treffen zusammen. Es gab immer wieder frisches Vedisches Wissen vom Yogi zu lernen. Das Wissen hatte kein Ende. Oft gab es auch organisatorische Treffen, um die neuesten weltweiten Projekte zu starten und zu begleiten. Die organisatorischen Tätigkeiten interessierten mich nicht besonders und ich strebte nie eine Position innerhalb der Organisation an. Dennoch war es ein gutes Gefühl, in dieser Schaltzentrale einer weltweiten Organisation tätig zu sein, die in allen Ländern der Erde mit nationalen Zentralen und tausenden von lokalen Zentren vertreten war.

Ich fokussierte mich auf meine Forschungsjobs und die Perfektionierung meines Wissens. Dazu nutzte ich sogar meine Freizeit, um die Vedische Literatur zu studieren. Auch hierfür hatten wir gemeinsame Treffen, wenn zum Beispiel der Yogi auf Weltreise und nicht bei uns zu Hause war. Dann trafen wir uns abends, um im kleineren Kreis Vedische Schriften vorzulesen, wie zum Beispiel die Upanishaden. Diese waren vorzügliche Texte, um unser Verständnis für Erleuchtung zu verbessern. Auch das war ein wichtiger Puzzlestein in meinem Gesamtbild des Vedischen Wissens.

Da gab es aber noch weitere Ebenen des Wissens, die der Verstand nicht mehr begriff. Diese waren ebenfalls wichtig. So lasen wir zum Beispiel täglich in unseren kleineren Gruppen die Übersetzung der Veden, vor allem das neunte und das zehnte Mandala des Rig Veda. Ich erinnere mich noch gut an diese fröhlichen Treffen. Einer las, die anderen hörten zu. In meiner kleinen Gruppe junger Männer, machten wir uns einen Spaß, an warmen Tagen am Morgen zum Lesen im Freien zu sitzen. Das Wetter in den Schweizer Bergen kann sich recht schnell ändern. Wir lasen gemeinsam das neunte Mandala, welches sich mit dem Heiltrank Soma und Indra, dem Beherrscher des Wetters, beschäftigte. Dabei bemerkten wir mit großer Freude, dass sich dann sehr oft eine Lücke in den Wolken auftat und die

Sonne wieder in unsere Gesichter schien. Wir hatten es geschafft, in einer kleinen Gruppe das lokale Wettergeschehen zu beeinflussen. Wir waren aber auch Wissenschaftler und keine Leichtgläubigen, so dass wir schon genau hinsahen und erst nach vielen Wiederholungen ein System darin erkannten. Irgendwie wirkte dieses Wissen auf einer ganz anderen Ebene, die wir selbst noch gar nicht richtig verstanden. Der Verstand war davon nur noch erstaunt und fasziniert.

Eine weitere, wichtige Ebene des Wissens, die der Yogi stark förderte, war das Wissen der Originalklänge der Veden. Mit diesen Sanskrit-Rezitationen wurde das Vedische Wissen über die Jahrtausende hinweg aufrechterhalten. Vedische Pundits geben dieses Wissen bis heute in gesprochener, eigentlich in gesungener Sprache jeweils an die nächste Generation weiter. Diese Klänge durften wir uns täglich anhören und sie bewirkten in uns eine allmähliche Transformation in Richtung Erleuchtung.

Wir alle liebten den Sama Veda, eine sehr melodische Version des Vedischen Wissens. Damit konnte man nach einer längeren Meditationssitzung, auf dem Rücken liegend so herrlich, total entspannen. Wir haben zwar nicht verstanden, was die Klänge bedeuteten, jedoch war ihre Schwingungswirkung phänomenal.

Die wichtigste Ebene des reinen Wissens war jedoch das transzendentale Wissen. Der Verstand konnte es in keiner Weise mehr erfassen. Er konnte nur noch staunend feststellen, dass es da etwas Unfassbares gab. Diese Wissensebene belebten wir mit unserem täglichen Meditationsprogramm. Das machten wir entweder allein auf dem Zimmer oder noch lieber in Gruppen. Zu Hause in der Schweiz waren das kleinere Gruppen mit 30-50 Teilnehmern, bei einigen Großereignissen ging es aber weit darüber hinaus. Dann trafen wir uns immer wieder mal mit tausenden von Meditierenden. Diese Ereignisse hatten richtige Power. Einige Wissenschaftler überprüften ihre Wirkung auf das Weltgeschehen, auf den Rückgang der Kriminalität, den Rückgang von Kriegsaktivitäten und die Steigerung der Kreativität in den jeweiligen Ländern.

So belebte sich das Vedische Wissen in mir immer mehr und entfaltete immer mehr von seiner Reinigungswirkung. Es kam, wie es kommen musste und die Erleuchtung rückte näher. Meine Wahrnehmung der Welt änderte sich. Ich lebte immer mehr im ganzen Universum, statt nur in kleinen Hotelzimmern. Der Yogi hatte es auch beobachtet und natürlich nach Kräften gefördert und eines Tages überraschte er mich in seinem Haus in Indien mit der Aussage, dass ich den höchsten Bewusstseinszustand, das Einheitsbewusstsein, erreicht hätte. Darüber aber noch mehr im nächsten Kapitel.

Das Wissen entwickelt sich weiter

Mit dem höchsten Bewusstseinszustand war meine Perfektion noch nicht abgeschlossen. Das Wissen konnte sich immer noch weiterentwickeln. Es gab da diesen riesigen Schatz des Vedischen Wissens, der ausgebreitet vor mir lag. Neben allen meinen Jobs und Projekten für den Yogi, nahm ich mir immer auch die Zeit, die Originale der Vedischen Literatur für mich selbst zu studieren.

Ich hatte schon vor der Realisierung des höchsten Bewusstseins die Brahma Sutras des Veda Vyasa dreimal von vorne bis hinten durchgelesen. Sie beschreiben den höchsten Bewusstseinszustand. Zusammen mit den ausführlichen Kommentaren von Shankara hat das Buch fast 800 Seiten. Es ist vollgepackt mit den abstraktesten Konzepten des menschlichen Bewusstseins, die mein gut trainierter Verstand gerade noch so erfassen konnte.

Der Yogi sagte uns gelegentlich auf einer seiner vielen Videoaufzeichnungen, dass der letzte Schritt zum Einheitsbewusstsein ein Schritt des Verstandes sei. Für ihn war der Verstand also keineswegs unwichtig, sondern das wesentliche Werkzeug, um den höchsten Bewusstseinszustand zu realisieren.

Mir gab er dieses Wissen auch persönlich und ganz direkt. Im allgemeinen hielt ich mich mit persönlichen Fragen an ihn zurück, aber es gab auch einige Ausnahmen. So fragte ich ihn einmal in der Schweiz bei einer guten Gelegenheit um seinen Rat zum Ausbildungsweg meines jüngeren Bruders in Deutschland. Er erfasste sofort intuitiv, wer mein Bruder war. Sein Rat für ihn war, unbedingt zu studieren, denn das Studium wäre für ihn wichtig, um seinen Verstand weiterzuentwickeln. Und dann kam wieder sein Yogisches Wissen. Er sagte mir, ein gut trainierter und hochentwickelter Verstand sei die Voraussetzung, um den letzten Schritt in den höchsten Bewusstseinszustand, in das Einheitsbewusstsein zu schaffen.

Dieses war natürlich auch eine Aufforderung für mich, meinen Verstand ebenfalls weiter zu trainieren und ihn immer flexibler und feiner zu machen. Ich studierte also immer noch mehr Vedische Literatur. Die Bücher las ich oft mehrmals, um das kostbare Wissen darin wirklich genau zu verstehen. Innerhalb von drei Jahrzehnten hatte ich dann meine kleine Bibliothek Vedischer Literatur gründlich und mehrmals studiert. Dazu gehörten neben den Büchern des Yogi auch die Bhagavad Gita, die Upanishaden, viele der Puranas, dann die sechs Bücher der Vedischen Philosophie, Nyaya, Vaisheshika und Samkhya, die Yoga Sutras, Karma Mimamsa und die schon vorher erwähnten Brahma Sutras. Außerdem las ich das Brihat Parashara Hora Shastra, das Hauptwerk der Vedischen Astrologie und wendete dieses Wissen auch systematisch an. Dazu kamen noch der gesamte Rig Veda, welcher das Original-Wissen in konzentrierter Form enthält, woraus die gesamte Vedische Literatur abstammt. Ich las Smrtis, das Ramayana und Teile der Mahabharata.

Bei all meinen Vedischen Studien war mir von Anfang an klar, dass das eigentliche Wissen nicht in den Büchern enthalten war. Der Yogi hatte es uns oft gesagt: „Das Wissen ist nicht in den Büchern." Das eigentliche Wissen waren die mit unendlicher Stille erfüllten Impulse, die das Lesen der Vedischen Literatur in meinem Bewusstsein erzeugte.

Es gibt da diese Ebene des Bewusstseins, die ich damals unter dem Namen ‚ritam bhara prajna' kannte. Es ist die Ebene des wahrheitstragenden Wissens. Auf dieser Ebene stimmt einfach alles. Sie war mir vertraut, da ich sie einige Male schon selbst erfahren hatte, zum ersten Mal ein halbes Jahr nach meiner Ausbildung zum Meditationslehrer. Das Wissen auf dieser Ebene ist in sich stimmig, korrekt und einfach die beste Beschreibung der Realität, die jemand erfassen kann. Intuitiv wusste ich, wenn ich mich auf dieser Ebene einklinken könnte, stünde mir dauerhaft alles Wissen zur Verfügung. Ich ersehnte es herbei und mein Schicksal, falls es so etwas überhaupt gibt, brachte mir die Erfüllung dieses Wunsches.

Entdeckung der Macht meines Bewusstseins

Während meiner 14 Jahre auf Weltreisen mit dem Yogi und auch danach praktizierte ich regelmäßig und sehr intensiv, häufig bis zu fünf Stunden am Tag, die fortgeschrittenen Yogischen Methoden, die seit Urzeiten unter dem Namen Siddhis bekannt sind. Insgesamt kamen bei mir 30 Jahre täglicher, fleißiger Übungen zusammen.

Die Siddhis brachten mir zwar gelegentlich wunderbare Ergebnisse, die ich im nächsten Kapitel ausführlicher beschreiben werde. Es waren solche Fähigkeiten, wie zum Beispiel Telepathie, das Entdecken verschwundener Gegenstände, das Erforschen früherer Leben und die Beherrschung der Gefühle. Jedoch kamen bei mir die Ergebnisse keineswegs zuverlässig. Als Ingenieur und Wissenschaftler war ich einfach eine andere Art von Zuverlässigkeit gewohnt. Wenn eine Maschine auch nur manchmal nicht funktionierte, war sie für mich schon kaputt. Dann bestand Reparaturbedarf.

So blickte ich nach 30 Jahren Siddhis zum ersten Mal ganz bewusst auf mein Leben zurück, auf all das, was ich mit den vielen Siddhi-Übungen erreicht oder vielmehr noch nicht erreicht hatte. Es war für mich einfach nicht zufriedenstellend. Bei all meinem Vedischen Wissen, meinem bereits erreichten erleuchteten Bewusstseinszustand, den mir der Yogi in Indien ganz deutlich und unmissverständlich bestätigt hatte, musste es doch möglich sein, diese wichtigen Methoden der Vedischen Wissenschaft bei mir zum Funktionieren zu bringen!

Ich musste ganz anders an die Sache herangehen! Meine Kollegen hatten vielleicht noch die Ausrede, dass sie die Erleuchtung immer noch nicht erreicht hatten. Aber das traf auf mich ja nicht mehr zu. Irgendetwas anderes stimmte da nicht. Wie konnte ich das herausfinden?

Intuitiv wusste ich, dass jenes Wissen, welches hier noch fehlte, irgendwo in der Vedischen Literatur zu finden sein müsste. Der Yogi hatte uns immer wieder erklärt, dass die Siddhi-Übungen ursprünglich aus den Yoga

Sutras des Patanjali stammten. Also begann ich hier nach der Lösung zu suchen.

Zu dieser Zeit wohnte ich in England und hatte nur noch einen lockeren Kontakt zur Meditationsorganisation. Das lag neben verschiedenen anderen Gründen vor allem an der Engstirnigkeit, mit der auf nationaler Ebene gearbeitet wurde. Ich war von meiner 14-jährigen Tätigkeit auf internationaler Ebene im Umfeld des Yogi einfach ein viel höheres Niveau an Intelligenz und Kreativität gewohnt.

Vielleicht war dies auch nur ein weiterer notwendiger Umstand, damit ich mir gestattete, meine eigenen Ideen über die Richtigkeit der Siddhi-Übungen weiterzuverfolgen. Das manchmal fanatische, geradezu religiöse Beharren einiger unerleuchteter Zeitgenossen auf der Unfehlbarkeit ihres geliebten Yogi erschien mir beinahe kindisch. Sie hatten ihr Ziel noch nicht erreicht und hofften, durch die Vergötterung ihres Idols irgendwann auch einmal, nahezu magisch, die Erleuchtung zu erreichen. Bis dahin wollten sie aber keinesfalls über Erleuchtung sprechen. Welch unproduktive Gedankenmuster!

Der Yogi mochte solches Verhalten gar nicht, konnte es aber auch nicht vollständig verhindern. Er war Zeit seines Lebens immer ein Wissenschaftler geblieben und nun bestand die Gefahr, dass seine Anhänger seine wissenschaftliche Lehre in eine Religion umgestalteten.

In diesem Umfeld fiel es mir leichter, auf meinen eigenen Verstand zu vertrauen und trotz des großen Respekts, den ich immer noch für den Yogi verspürte, tatsächlich herauszufinden, was der Fehler in der Siddhi-Methode war. Zusammen mit meinem Freund Robert, der aufgrund ähnlicher Erfahrungen auch eine etwas lockere Haltung im Umgang mit der Meditationsorganisation pflegte, machte ich mich also auf die Fehlersuche.

Machte ich allein etwas falsch, oder handelte es sich hier um einen systematischen Fehler? Ich interviewte viele meiner meditierenden Freunde bezüglich ihrer Siddhi-Erfahrungen. Das Ergebnis war vernichtend. Fast niemand hatte regelmäßige Erfahrungen der Siddhis, wie sie von Patanjali vorhergesagt wurden. Einige hatten seit über 30 Jahren noch nie eine einzige besondere Siddhi-Erfahrung gehabt. Sie übten dennoch weiter, weil sie mit den Siddhi-Übungen in eine gewisse Ruhe kamen. Sie übten die Siddhis sozusagen wie eine fortgesetzte Meditation.

Mit meinen neugewonnen Einblicken erschien mir nun das Verbot, innerhalb der Organisation über Erfahrungen zu sprechen, in einem ganz neuen Licht. Es verhinderte im Grunde, dass irgendetwas an der Praxis verbessert werden konnte. Solange niemandem auffiel, dass da keine besonderen Erfahrungen waren, machten alle wie gewohnt weiter.

Der Yogi hatte das System aber auch so eingerichtet. Er war sich absolut sicher, dass seine Interpretation von Patanjalis Yoga Sutras unfehlbar war. Er sprach oft über die Reinheit seiner Lehre. Dabei vergaß er, gelegentlich auch die Ergebnisse der Siddhi-Praxis bei seinen Schülern zu betrachten und neu zu bewerten. Diese devoten Schüler in seinem Umfeld übten dann jahrzehntelang immer weiter, ohne nennenswerte Ergebnisse zu erreichen. Sie motivierten sich mit dem Gedanken, dass sie durch ihre Übungen den Weltfrieden fördern würden.

Mir wurde es immer schleierhafter, warum wir eine angebliche Reinheit einer Lehre aufrechterhalten sollten, die gar nicht richtig funktionierte. Welche Reinheit? Wenn es noch nicht richtig funktionierte, stimmte da etwas nicht. Diese Methode war noch gar nicht gereinigt! Nur mit einer Verbesserung der Methode konnten wir aus unserer konzeptionellen Sackgasse wieder herauskommen.

Ich hatte die Siddhis 30 Jahre lang ohne viel Erfolge geübt und für mich ging es nicht mehr so weiter. Jetzt interessierte mich, wie ich bei mir die Siddhis konstant und zuverlässig zum Funktionieren bringen konnte. An meinem Wohnort in England gab es einen Meditationsraum mit einer angeschlossenen Vedischen Bibliothek. Im Jahr 2003 marschierte ich also mit Robert direkt hinein und studierte mit ihm die entscheidenden Verse der Yoga Sutras. Zunächst interessierte uns die spezielle Siddhi des Yoga-Fliegens, die nach der großen Anfangseuphorie der ersten Jahre kaum noch irgendwelche Effekte brachte.

Wir dachten, dass der Fehler darin lag, dass wir diese Siddhi in unserer Muttersprache ausgeführt hatten. Also probierten wir in den nächsten zwei Wochen, die Siddhi in Sanskrit zu denken. Zunächst meinten wir, wir hätten einen Durchbruch erreicht, denn irgendwie fühlte es sich leichter an. Nach einiger Zeit mussten wir uns jedoch eingestehen, dass es keine wirkliche Verbesserung gebracht hatte. Ich probierte dann noch etwas mit meinem Heimatdialekt herum, aber auch diese Variante brachte nichts Neues.

Also, so ging es auch nicht! Wir hatten zwar noch keinen Erfolg, aber wir konnten eine weitere Möglichkeit abhaken. Ich reiste dann wieder nach Deutschland zurück und lebte dort für einige Jahre, bevor ich ein zweites Mal nach England zog.

Mein Siddhi-Verbesserungsprojekt verlor ich seitdem nicht mehr aus den Augen. Ich suchte nach der besten Übersetzung der Yoga Sutras, die ich finden konnte. Es war gar nicht so einfach. Die meisten Übersetzungen waren wirklich unbrauchbar. Viele Übersetzer betrachteten Siddhis nicht als eine konkrete Möglichkeit, durch das menschliche Bewusstsein Wissen zu gewinnen und Einfluss auf die Welt zu nehmen. Sie interpretierten die Siddhis einfach nur symbolisch. Ich arbeitete dann mit einer einigermaßen zuverlässigen Übersetzung weiter, war mir aber bewusst, dass es auch da noch viel zu verbessern gab.

Es nützte alles nichts, ich musste erst noch gründlich Sanskrit lernen. Das wirkliche Wissen steckte im Sanskrit-Original. Das hatte ich schon früher vom Yogi gelernt. Auf Übersetzungen konnte man sich nicht verlassen. In drei Jahren intensiver Arbeit lernte ich Sanskrit-Wurzeln, Vokabeln und vor allem auch die Grammatik.

Dann betrachtete ich mir wieder einige Übersetzungen anderer Autoren und war überrascht, wie wenige von ihnen die Sanskrit-Grammatik beherrschten. Oftmals wurden nur Wörter aneinandergereiht und dann bei der Übersetzung in einen beliebigen Sinnzusammenhang gestellt. Das konnte so nicht funktionieren. Ähnlich wie im Deutschen, bestimmt auch im Sanskrit erst die Grammatik, welche genauen Bedeutungen die Wörter im Satz erhalten.

Eines Tages übersetzte ich den Sanskrit-Text, der die Methode der Siddhis beschrieb. Es gab da ein entscheidendes Wort, das sich etwas komisch anhörte, wenn ich es mit der Methode verglich, die ich vom Yogi gelernt und 30 Jahre lang intensiv praktiziert hatte. Irgendetwas stimmte da nicht. Ich benutzte bei meiner Forschungsarbeit eine Reihe von Sanskrit-Lexika, zum Teil online und zum Teil in Buchform, aber ich war mit keiner der Übersetzungen für dieses Wort zufrieden. Hatten die Ersteller der Lexika durchwegs alle keine Ahnung über die wahre Bedeutung dieses einen Wortes? Das erschien mir eher unwahrscheinlich.

Ich meinte, dass ich nach 30 Jahren ziemlich genau wusste, wie Siddhis zu funktionieren hatten. Es konnte ja wohl nicht sein, dass Patanjali hier eine ganz andere Methode beschrieben hatte! Das Wort war aber nicht ein Spezialausdruck, der nur für Siddhis gebraucht wurde. Es war ein gängiges Wort in der Sanskritsprache. Ich habe fast zwei Tage gebraucht, um mir selbst einzugestehen, dass genau diese abweichende Interpretation dieses einen Wortes der Fehler in der ganzen Methodik war.

Zur Sicherheit studierte ich noch den Kommentar von Shankara und siehe da, auch Shankara hatte das Wort anders interpretiert! Daraus ergab sich eine völlig andere Methode, Siddhis auszuüben. Shankara gab auch noch Beispiele, wie die Siddhis praktiziert werden sollten und dann wurde mir völlig klar, dass ich und auch meine vielen meditierenden Siddhi-Freunde schon lange auf dem Holzweg waren. So wie wir das gemacht hatten, konnte es ja gar nicht funktionieren.

Das, was wir gelernt hatten, war dermaßen vereinfacht, dass es nicht mehr funktionieren konnte. Es war fast so, wie wenn ein Fahrlehrer seinem Schüler anstelle von mehreren Fahrstunden nur eine Information gibt und sagt, setz dich einfach ans Steuer und fahr los! Das machten wir nun schon seit zig Jahren und wussten nicht, warum wir nicht von der Stelle kamen.

Das neuentdeckte Wissen funktionierte sofort. Ich passte meine Siddhi-Methode genau so an, wie sie von Patanjali, Veda Vyasa und Shankara beschrieben wurde. Siehe da! Alle Siddhis funktionierten sofort. Es war für mich jetzt kein Zufall mehr, wenn eine Siddhi die vorausgesagte Wirkung zeigte. Alles ging wie auf Knopfdruck. Die Ergebnisse kamen in der Regel innerhalb von Sekunden. Gleichzeitig stellte sich eine intensive Stille ein. Diese Stille war der echte Samadhi, von dem Patanjali immer wieder gesprochen hatte.

Eureka! Ich hatte das Geheimnis entdeckt. Ich hatte die Macht meines Bewusstseins entdeckt! Nach vielen Jahren der Suche war ich endlich angekommen.

Kapitel 2 - Wie ich die Geheimnisse des Bewusstseins entdeckte

Eine Kleinigkeit hatte ich aber noch nicht verstanden. Warum gab es einige Freunde, die mit der früheren Methode dennoch Siddhi-Erfahrungen hatten? Das musste ich noch genauer untersuchen. Ich interviewte sie bezüglich ihrer Siddhi-Erfahrungen und stellte dann fest, dass sie entweder auf den allerersten Kursen waren, bei denen sie noch nicht die gleichen Anweisungen wie ich bekommen hatten, oder dass sie die Anweisungen einfach nur viel freier als ich interpretiert hatten. Sie hatten sich also einfach nicht wörtlich an die Anweisungen gehalten und hatten damit Erfolg.

Dann ging ich erst einmal durch eine lange Phase der Ernüchterung. Wie viel Zeit hatte ich aufgebracht, um die Siddhi-Erfahrungen zu erreichen? Das hätte doch alles viel einfacher gehen können! Die wertvollsten Jahre meines Lebens hatte ich mit einer Methode verbracht, die nicht annähernd so effektiv war, wie das, was ich jetzt im Original bei Patanjali wiederentdeckt hatte. Mein Unmut darüber hielt für viele Monate an.

Da war auf der einen Seite ein hingebungsvoller Glaube an den erleuchteten Meister, der doch eigentlich alles richtig machen sollte. Wie konnte er uns nur so lange üben lassen und sich fast nie mit den ausbleibenden Ergebnissen beschäftigen? Da war auf der anderen Seite auch das Wissen, dass er öfters traurig über die fehlenden Ergebnisse seiner Schüler war.

Der Yogi war aber immer auch ein Wissenschaftler. Er hielt nicht an religiösen Dogmen fest. Er erforschte Zeit seines Lebens die Vedische Wissenschaft. In vielen Bereichen der Vedischen Wissenschaft ist es ihm gelungen, lange verloren gegangenes Wissen wieder zu entdecken. Bei den Siddhis aber scheinbar nicht so ganz.

Für alle anwendbar

Nun gut! Eigentlich war es ja auch egal, aus welchem Grund ich die Siddhis richtig ausführte und dann die richtigen Ergebnisse hatte. Ich hatte meinen Weg gefunden. Jetzt ging alles ganz schnell. Zugegeben, war ich etwas stolz, endlich eine funktionierende Methode gefunden zu haben. So stupste ich meine meditierenden Freunde an: „Na, wie ist es, hast du immer noch keine Siddhi-Erfahrungen? Bei mir funktionieren sie jetzt alle!"

Für alle anwendbar

Es dauerte nicht lange, bis die ersten auf meine 10-Tages-Kurse kamen und Siddhis lernten und tatsächlich auch die von Patanjali vorhergesagten Erfahrungen hatten. Die Kunde verbreitete sich und immer mehr reisten aus ganz England und Schottland an, vom europäischen Festland und sogar aus den USA. Es war möglich, in zehn Tagen nicht nur die Methode zu lernen, sondern ganz real die Siddhi-Erfahrungen zu erleben, auch wenn das jemand mit 30 Jahren vorheriger Übung nicht geschafft hatte.

Dabei war es so, dass diejenigen, die schon lange ohne Ergebnisse geübt hatten, gewisse Schwierigkeiten hatten, auf die neue Methode umzuschalten. Zum einen lag es an der Struktur meiner ersten Kurse, welche ich inzwischen wesentlich besser optimiert habe. Zum anderen lag es aber auch an den eingeschliffenen Denkmustern, resultierend aus langen ergebnislosen Übungen. Solche Denkmuster waren gar nicht so einfach zu überwinden. Das erforderte in den ersten Tagen besondere Aufmerksamkeit.

Jeder hatte zwar einige Siddhis am Ende des Kurses gelernt, jedoch waren sich viele dabei noch unsicher. Zumindest hatten sie aber jetzt die ersten richtigen Erfahrungen, genauso wie sie Patanjali vorhergesagt hatte.

Die Erfahrungen kamen auch sehr schnell. Zuerst in wenigen Minuten, dann sogar innerhalb von Sekunden. Manche früheren Siddhi-Praktizierenden hatten seltsame Anweisungen erhalten. Sie sollten lediglich die Siddhis üben und nicht auf die Ergebnisse achten. Diese würden dann automatisch irgendwann während des Tages kommen. Das war natürlich alles völlig frei erfundenes Zeugs! Mein Yogi hatte eine klare Auffassung zum Thema geäußert: Solange das spezifische Ergebnis noch nicht kam, war die Ausführung der Siddhi noch zu verbessern.

In den nächsten Jahren strukturierte ich meine Kurse mehrmals um, vereinfachte sie und machte sie effektiver und achtete auf die Wirkung, die sie hatten. Allmählich zeigte sich der Erfolg immer einfacher.

Ein Nachteil der Kurse war, dass sie so lange dauerten. Es gab nicht viele Menschen, die sich mal schnell für 10 Tage Urlaub nehmen konnten. Der andere Nachteil war, dass die meisten Kursteilnehmer einfach noch nicht, oder zumindest noch nicht stetig, in einem höheren Bewusstseinszustand waren. Das musste sich noch ändern.

3

Wie ich den Yogi kennenlernte

Erfolge mit täglicher Meditation

Nach dem großen Überblick über meine Entdeckungsreise in der Welt des Bewusstseins, möchte ich nun in diesem Kapitel die Erfahrungen beschreiben, die am Anfang meines Weges standen und mein Leben wesentlich geprägt hatten.

Ich bin in einer Familie in bescheidenen Verhältnissen aufgewachsen. Meine Eltern, meine zwei Geschwister und ich lebten in einem kleinen Haus, das wir unser eigen nannten, für das aber viele Jahre lang noch die Hypotheken abbezahlt werden mussten.

Nach einer kurzen Zeit an der Hauptschule in unserem Dorf, einem Vorort meiner Geburtsstadt Bamberg, besuchten ich und meine Geschwister weiterführende Schulen in der Stadt. Wenn ich so zurückblicke, hatte ich mit meiner Schulbildung immer enormes Glück. So rein zufällig waren meine Schulen immer gerade neu gebaut worden und im besten Zustand. An der Hauptschule war ich der Klassenbeste. Lesen, Schreiben, Rechnen musste ich irgendwie gar nicht neu lernen. Ich konnte es einfach schon.

Am Gymnasium hatte ich dann auch noch das Glück, für eine spezielle Klasse ausgewählt zu werden, die das Abitur in 12 anstelle von 13 Jahren erreichte. Unser Gymnasium war das zweite in Bayern, das dieses damals neue Experiment wagte. Es ersparte mir ein Jahr Schulzeit. Der weitere Vorteil war aber, dass das Lehrerkollegium nur die fähigsten Lehrer für unsere Klasse ausgewählt hatte. Erlernen von Wissen nur von den besten Lehrern war irgendwie von Anfang an mein Thema.

Meine ganze Schulzeit habe ich noch in sehr guter und angenehmer Erinnerung. Ich fokussierte mich auf das Lernen und vor allem die Naturwissenschaften faszinierten mich. Physik und Mathematik waren meine liebsten Fächer. Ich musste fast nie irgendetwas lernen, alles war mir von Anfang an eigentlich immer völlig klar.

Im Jahr 1972 begann ich dann im Alter von 16 Jahren regelmäßig zweimal am Tag zu meditieren. Es war entspannend, ein Rückzugsort aus allen Stresssituationen, die auch ein junger Mensch schon hatte und vor allem belebte es meine Kreativität. Die Schulleistungen wurden besser, ohne dass ich mehr lernen musste. Das Lernen machte mehr Spaß.

Wir bekamen dann auch einen neuen Mathematiklehrer, der uns die Infinitesimalrechnung beibrachte. Das ist die mathematische Methode, um mit unendlich großen und unendlich kleinen Zahlen richtig umzugehen. Unser neuer Mathematiklehrer konnte sich euphorisch für die Unendlichkeit begeistern. Viele meiner Mitschüler grinsten darüber, aber ich verstand ihn, denn ich hatte ja nun selbst täglich die Erfahrung der Unendlichkeit in meinen Meditationen. Der Lehrer schien das für sich irgendwie durch das mathematische Beschäftigen mit der Unendlichkeit zu erreichen. Inzwischen ist mir völlig klar, wie sich dieses Beschäftigen mit der Unendlichkeit im Bewusstsein positiv auswirkt.

Meine Begeisterung für die regelmäßige Meditation wuchs stetig und ich inspirierte auch einige andere Klassenkollegen, das zu erlernen. Ich nahm an Meditationsseminaren und gemeinsamen Gruppenmeditationen teil. Irgendwie muss meine Ausstrahlung besser geworden sein, denn nun bemerkte ich, dass mich auch meine Lehrer sympathischer fanden und mir immer wieder ihre besondere Hilfe anboten. Das Abitur verlief dann wunderbar glatt und ich hatte einen guten Notendurchschnitt, mit dem mir viele Studienmöglichkeiten offenstanden.

Ich entschied mich, Elektrotechnik zu studieren. Schon vorher hatte ich mich mit dem Thema als privates Hobby gründlich auseinandergesetzt. Viel von meinem Taschengeld floss in meine eigenen kleinen Elektronikprojekte. Vor allem die Digitalelektronik interessierte mich. Sie war gerade neu am Entstehen und es war faszinierend, da von Anfang an mit dabei zu sein.

Eines meiner Praktika verbrachte ich in Erlangen, in der Nähe meines Heimatortes. Dabei konnte ich Erfahrungen in einigen Entwicklungsabteilungen bei Siemens sammeln. Bei einem kurzen Einführungsvortrag für die neuen Praktikanten am ersten Tag sagte uns ein Betreuer, dass wir nicht scheu sein sollten, falls wir Verbesserungsvorschläge für ihn hätten. Es käme öfters vor, dass Praktikanten ganz interessante Verbesserungen entdeckten, die auch für Siemens interessant wären. In einigen Fällen hätte das sogar schon zu Erfindungen und Patenten geführt. Irgendwie faszinierte mich das und ich fand es eine gute Idee, mit dieser Einstellung durch das Unternehmen zu gehen.

Und tatsächlich hatte ich innerhalb von wenigen Monaten eine solche Idee. Ein bestimmter Konstruktionsvorgang im Zusammenhang mit digitaler Elektronik kam mir nach einiger Zeit dermaßen mühsam und langweilig vor, dass ich mir gründlich überlegte, wie dies zu ändern wäre. Nach einer tiefen Meditation war mir dann völlig klar, wie man das gleiche Problem auch ganz anders lösen könnte. Was Entwickler mühsam in einem ganzen Arbeitstag zusammengebaut hatten, mich eingeschlossen, könnte ein Computer eigentlich in wenigen Millisekunden erreichen. So erfand ich eine völlig neue Generation von Computer-Chips. Die Hardware war dann nicht mehr von vornherein festgelegt, sondern in meiner Erfindung konnte die Software durch einen Datenstrom jederzeit ihre Hardware immer wieder so abändern, wie sie jeweils im Moment benötigt würde.

Ein Freund, mit dem ich zusammen meditieren gelernt hatte, konnte sich unglaublich für meine neue Erfindung begeistern und sagte mir: „Heinz, diese Erfindung verschenkst du nicht an Siemens, sondern ich besorge dir das Geld, damit wir sie gemeinsam patentieren können." Gesagt, getan! Mit Patenten soll man nicht lange zögern. Das Patent war schnell ausgearbeitet und in wenigen Tagen beim Patentamt angemeldet. Danach hatte ich einen kurzen, heftigen Briefwechsel mit Siemens und sie überließen mir daraufhin meine Patentrechte und zogen sich aus der Affäre zurück mit der Bemerkung, dass sie nicht an der Erfindung interessiert seien.

Wenn die damals gewusst hätten, dass die Erfindung zehn Jahre später einen völlig neuen Zweig der Computerchip-Technologie etabliert hat und inzwischen weltweit jährlich einen Umsatz von €8 Milliarden erwirtschaftet, hätten sie sich diesen Schritt wohl noch anders überlegt. Wenn ich es gewusst hätte, hätte ich wohl auch zahlungskräftigere Investoren für meine Erfindung gesucht. Inzwischen sind diese Chips in allen Computern zu finden.

Ende 1975 hatte ich mein Patent angemeldet und gleich im nächsten Jahr ging es zum Meditationslehrer-Ausbildungskurs. Er dauerte ein halbes Jahr und begann mit einer aufregenden Fahrt ins Ungewisse. Zusammen mit meinem Freund, der mir das Geld für das Patent und auch für den Kurs besorgt hatte, fuhren wir los nach Frankreich. Wir bekamen nur den Hinweis, dass der genaue Kursort noch nicht feststehe, dass wir aber schon mal in Richtung einer bestimmten Gegend in Frankreich losfahren sollten, um rechtzeitig anzukommen. Unterwegs sollten wir uns dann noch mal telefonisch nach dem genauen Kursort erkundigen. Dennoch hat es problemlos geklappt und wir kamen rechtzeitig an.

Der Meditationslehrer-Kurs war fantastisch. Wir konnten den Yogi von morgens bis abends auf Videovorträgen erleben und hatten auch ein intensives Meditationsprogramm. Nach dem Abschluss der ersten drei Monate passierte etwas Außergewöhnliches. Wir hatten eine Kreativ-Sitzung und sammelten alle Gründe, warum es uns möglich sein sollte, noch während des Kurses erleuchtet zu werden. Wir schrieben es auf ein Manifest, bei dem auf der Rückseite jeder Kursteilnehmer einzeln unterzeichnete. Das Dokument wurde unserem geliebten Yogi in der Schweiz zugestellt und einige Tage später erfuhren wir, dass er es sich vollständig vorlesen ließ. Er ließ sich nicht nur alle unsere Gründe für die sofortige Erleuchtung vorlesen, sondern auch jeden einzelnen Namen auf der Rückseite. Das hatte eine tiefe Bedeutung für uns, denn jeder Einzelne von uns bekam auf diese Weise seinen Segen für sofortige Erleuchtung. Erst viel später wurde mir klar, dass dieses Thema der sofortigen Erleuchtung immer wieder in meinem Leben auftauchen würde.

Die Unbesiegbarkeit

Unser 6-monatiger Meditationslehrer-Kurs verlief für mich wunderbar. Ich bestand alle Prüfungen leicht und wurde immer sicherer, die Meditation zu lehren. Unsere eigenen Meditationen erzeugten eine inspirierende Atmosphäre und der Kurs wurde von einem Kurort in Frankreich zu einem wunderschönen Bergort in die Schweiz und danach wieder in die französischen Alpen verlegt. Wir hatten viel frische Luft und herrliches Wetter in diesem Frühling und Sommer 1976.

Die Unbesiegbarkeit

Dennoch hatte ich aber auch einige Herausforderungen, die in Form von Post aus der Heimat ankamen. Zum einen wurde mein Patent zum Staatsgeheimnis erklärt und mir wurde unmissverständlich klargemacht, wie viele Jahre lang die Gefängnisstrafen sein könnten, wenn ich dieses Staatsgeheimnis weiter erzählen würde. Da ich es aber schon etlichen Firmen zum Kauf angeboten hatte, haben mich diese Aussichten dann etwas beunruhigt. Ich beschloss, mich nur auf den Kurs zu fokussieren und diese leidige Angelegenheit einfach zu vergessen. Nach einigen Monaten kam dann auch die Entwarnung, denn die Sache mit dem Staatsgeheimnis wurde wieder rückgängig gemacht. Darüber war ich heilfroh.

Die zweite Herausforderung war ein deutlicher Hinweis, dass ich demnächst einen Pflicht-Wehrdienst zu leisten hätte. Ich hatte mich vorher schon seit einiger Zeit dagegen gewehrt, jedoch erfolglos und wurde nicht als Kriegsdienstverweigerer anerkannt. Mir war zu dieser Zeit noch nicht ganz klar, wie ich aus dieser Sache wieder herauskommen könnte. Mir war nur eines klar, dass ich diese Zeitverschwendung von eineinhalb Jahren bei der Bundeswehr unbedingt vermeiden wollte.

Am Ende unseres Meditationslehrer-Kurses kam der Yogi für zwei Tage zu Besuch, um uns in die letzten Geheimnisse der Meditation persönlich einzuweihen. Er kam in die Vortragshalle und wir bildeten ein Spalier, um ihm Blumen überreichen zu können. So erlebte ich ihn zum ersten Mal aus nächster Nähe. Er war körperlich klein, aber ich sah die Unendlichkeit in ihm. Mein Bewusstsein erweiterte sich sofort so weit wie das Universum. Er hatte mein Herz erreicht und intuitiv ahnte ich, dass ich ihm noch häufiger begegnen sollte. Erst vor kurzem hat er mir telepathisch mitgeteilt, dass er sich auch an diesen Moment erinnerte. Auch ihm war sofort klar, dass er mich, diesen jungen Mann mit strahlenden Augen, wiedersehen würde. Darüber aber später noch mehr.

Wir sollten vom Yogi in die tiefsten Geheimnisse der Meditation eingeweiht werden und alle Kursteilnehmer waren in Hochstimmung und gespannt, was da auf uns zukommen würde. Nun tauchte aber ganz unerwartet ein enormes Problem für mich auf. Da ich damals erst 20 Jahre alt war, hatte man mich einer speziellen Gruppe zugeordnet, den sogenannten Studenten-Meditationslehrern, die noch nicht 21 Jahre alt waren. Ich erfuhr völlig überraschend, dass ich in den nächsten Jahren nur Menschen, die jünger als 24 Jahre waren, in der Meditation unterrichten sollte. Noch nie zuvor hatte ich von solch einer Regelung gehört, auch nicht während der sechs Monate meiner Ausbildung und war jetzt schockiert. Mein Plan war nämlich, wenn ich zum Wehrdienst eingezogen würde, in der Armee auf breiter Ebene Meditation zu lehren. Das könnte ich natürlich nicht durchführen, wenn ich keinen Zugang zu den älteren Soldaten hätte, die höher in der Hierarchie standen.

Ich dachte mehrere Stunden lang intensiv über dieses Problem nach und legte mir alle möglichen Fragen zurecht, die ich den Yogi fragen könnte, um auf mein Problem hinzuweisen und eine Lösung zu finden. Obwohl ich mich völlig ungerecht behandelt fühlte, wollte ich auch nicht als Rebell erscheinen oder zu harsche Kritik üben.

Also nahm ich meinen ganzen Mut zusammen und stand während einer Frage-Antwort-Sitzung auf und fragte ihn, warum wir denn nur das halbe Wissen von ihm bekommen sollten? Immerhin hatten wir doch ordnungsgemäß den gleichen Kurs wie die älteren auch absolviert. Er antwortete in seiner charmanten Art, dass die Einführung in die Meditation immer vollständiges Wissen sei und dass es halbes Wissen gar nicht gäbe.

Irgendwie erkannte ich aber sofort, dass dies eine Art Ablenkung war und stellte noch eine zweite, diesmal etwas konkretere Frage. Ich fragte ihn, ob er für mich einen Rat hätte, wenn ich zum Wehrdienst eingezogen würde und dort auch ältere Soldaten in die Meditation einführen wollte. Seine Antwort war prinzipieller Natur. Er sagte, unser Programm für die Armee ist Unbesiegbarkeit. Jetzt hatte ich zwar eine zweite Antwort, aber immer noch keine Ahnung, wie ich damit umgehen sollte.

Danach bat er alle, doch bitte keine weiteren persönlichen Fragen zu stellen. Er war ja gerade dabei, uns in die Geheimnisse der Meditation einzuführen. Ich setze mich also wieder hin und grübelte darüber nach, was ich aus seinen Antworten machen könnte.

Irgendwie hatte er meine Bitte aber doch erhört und in seiner Unterweisung zeigte er uns dann, wie wir Menschen beliebigen Alters in die Meditation einführen konnten. Er sagte uns lediglich dazu, dass wir in unseren jungen Jahren häufiger jüngere Leute in seiner Meditation unterweisen sollten und ältere Leute für uns eher eine Ausnahme bleiben sollten.

Die Unbesiegbarkeit

Nach absolvierter Ausbildung schloss ich mich Joachim, einem meiner Kollegen an und wir betreuten als frisch gebackene Meditationslehrer das Meditationszentrum in Pforzheim. Es ging für mich aber nicht lange gut, denn die Bundeswehr wurde nun sehr konkret. Meine letzten Versuche, die Einberufung zu vermeiden, schlugen alle fehl. Ich hatte sogar einen Brief an den Bundesverteidigungsminister geschrieben, mit dem Vorschlag, durch Meditation eine unbesiegbare Armee aufzubauen. Dieser wurde zwar beantwortet, aber doch eher belächelt.

Es musste so kommen, wie es kommen musste und ich erhielt einen Einberufungsbefehl. Ich sollte mich zu einem bestimmten Zeitpunkt am Bahnhof meiner Heimatstadt Bamberg einfinden. Von dort aus würde dann der Transport in einem Sonderzug zur Kaserne in Cham erfolgen. Also schrieb ich zurück, dass ich schon seit geraumer Zeit nicht mehr in der Gegend von Bamberg, sondern in Pforzheim wohnte und dort nicht hinkommen könne. Ein paar Tage später bekam ich dann ein Zugticket von Pforzheim nach Cham zugeschickt. Diese Ausrede funktionierte also auch nicht.

Somit fügte ich mich meinem Schicksal und ab dann ging alles fast automatisch. Eines ergab sich aus dem anderen. Mein erster Vorteil war natürlich, dass ich nicht mit der grölenden Bande im Sonderzug fahren musste, sondern mehrere Stunden lang allein gemütlich im Zug nachdenken und Bücher lesen konnte.

Irgendwie ging es mir nicht in den Kopf, dass mir das Schicksal einen solchen Streich gespielt hatte und ich als frisch ausgebildeter Meditationslehrer jetzt zur Bundeswehr sollte. Das war wirklich schlechtes Karma! Ich überlegte intensiv, wie ich da wieder rauskommen könnte. Was ich damals öfters machte, war Folgendes: In einem wichtigen Buch meines verehrten Yogis schlug ich einfach eine Seite auf und las den Text in der Hoffnung, dass er meine Frage beantwortete. Da stand nun, dass es nur eine einzige Möglichkeit gab, Karma zu beenden. Diese Möglichkeit war, in tiefen Samadhi zu gehen und von dort aus das Karma zu neutralisieren. Jetzt hatte ich mein Motto gefunden!

Es konnte also nur dadurch gelingen, dass ich auch während der Bundeswehrzeit meine Meditationen fortsetzte, ohne diese auch nur ein einziges Mal ausfallen oder kürzen zu lassen. Mit diesem Anspruch musste ich mich unbedingt durchsetzen. Mir war klar, wenn ich die Meditation nur einmal ausließe, würde man mir erklären und vielleicht gewaltsam beibringen, dass ich bei der Bundeswehr nicht zu meditieren hätte.

Frohen Mutes und gut gelaunt kam ich dann in der Kaserne an und man wollte uns gleich mal Respekt beibringen. Erst ging es darum, wie ein Spind, dieser kleine Schrank, richtig eingeräumt wird. Ich war mit fünf anderen Kollegen im gleichen Zimmer untergebracht und der Soldat, der uns das richtige Einräumen erklärte, wählte meinen Spind dafür aus. Das war ein gutes Zeichen für mich, denn zum einen musste ich die Arbeit nicht selbst machen und zum andern würde er ja wohl kaum seine eigene Arbeit kritisieren. Ab dann wusste ich intuitiv, die Sache läuft hier gut für mich.

Jetzt wuchs mein Mut ins Unermessliche. Wir sollten in die Kantine zum Abendessen gehen und alle wieder um Punkt 8:00 Uhr rechtzeitig zurück sein. Ich aß gemütlich, schaute dann auf die Uhr und war entsetzt, dass es schon 7:45 Uhr war. Also rannte ich zurück zu den Unterkünften, denn ich wollte unbedingt noch meine 20 Minuten Meditation unterbringen. Dann setzte ich mich im Schneidersitz oben auf das Etagenbett, legte mir eine Decke um, positionierte meine Armbanduhr vor mir und schrieb noch einen Zettel, dass man mich bis um 8:10 Uhr bitte nicht stören sollte, weil ich meditierte.

Dieser Zettel brachte dann alles ins Rollen. Am ersten Tag wollte man den neuen Rekruten natürlich sofort glasklar beibringen, dass sie Befehle exakt zu befolgen hatten. Um Punkt 8:00 Uhr waren alle draußen angetreten und nur einer fehlte. Der Befehlshaber, der unsere kleinere Gruppe von ca. 20 Rekruten beaufsichtigte, fragte die anderen sofort, wo der fehlende Mann sei. Man verzeihe mir, dass ich bis heute noch nicht die richtigen Bezeichnungen für die verschiedenen Ränge dieser Befehlshaber gelernt habe. Das werde ich auch nicht mehr lernen.

Erst schrie er vom Flur, dass ich sofort aus der Unterkunft herauskommen sollte. Dann kam er selbst rein und sagte mir in einem sehr barschen und unfreundlichen Ton, ich solle sofort rauskommen. Das interessierte mich überhaupt nicht, denn ich hatte ja meine Meditation noch nicht beendet. Er fand dann meinen Zettel, regte sich wahnsinnig darüber auf und wusste sich aber nicht anders zu helfen, als seinen Vorgesetzten zu informieren.

Der Vorgesetzte kam und schrie, seinem Rang entsprechend, noch lauter. Genauso schrieb es dann später die Zeitschrift ‚Bunte'. Ich wusste aber aus meiner Meditationslehrerausbildung, wie ich mit äußerem Lärm umzugehen hatte. Genauso machte ich das auch und meditierte weiter. Dieser Mensch schrie mir dann voll ins Gesicht, dass ich sofort aufstehen solle. Das konnte ich nun aber schon gar nicht, denn bei starken äußeren Störungen, sollte man auf keinen Fall schlagartig die Meditation beenden. Also meditierte ich weiter.

Jetzt wussten sich diese Soldaten nicht anders zu helfen, als den obersten Chef des gesamten Standorts unverzüglich zu informieren. Ich war in tiefster Meditation, mein Gehörsinn war sehr verfeinert, sodass ich über drei Stockwerke hinweg diesen Chef so laut schreien hörte, dass ich jedes Wort verstand. Er schrie, dass ich sofort ins Gefängnis gebracht werden sollte. Nun bekam ich aber schon etwas Herzklopfen und meine Meditation war ziemlich gestört.

Also entschloss ich mich, weiterhin ruhig sitzen zu bleiben, bis das Herzklopfen etwas ruhiger wurde, und dann weiter zu meditieren. Genauso sollte man gemäß meiner Meditationslehrer-Ausbildung mit solchen Extremsituationen umgehen. Der oberste Chef überlegte es sich dann doch anders und sandte den Truppenarzt zu mir. Dieser kam herein, fragte die Zimmergenossen, ob sie irgendwelches auffälliges Verhalten bei mir bemerkt hätten. Sie verneinten es und sagten, ich hätte mich eigentlich freundlich und zuvorkommend verhalten. Dann fragte er sie noch, ob sie irgendwelche Spritzen gesehen hätten. Das hatte auch niemand.

Schließlich kam er zu mir, schob meine Augenlider auseinander und leuchtete mit einer Taschenlampe in meine Augen. Ich bin nicht ganz sicher, was die Pupillenreaktion ist, wenn jemand genau in diesem Moment wieder sein Meditations-Mantra denkt. Es kam ihm aber wohl etwas ungewöhnlich vor.

Er ließ mir die Decke und die Uhr wegnehmen. Ich wusste also nicht mehr, wann meine 20 Minuten Meditation vorbei waren. Also entschloss ich mich, vorsichtshalber etwas länger zu meditieren. Dann befahl er seinen

Leuten, mich flach auf das Bett hinzulegen. Das ließ ich einfach über mich ergehen. Als sie wieder weg waren, setzte ich mich wieder im Schneidersitz hin und meditierte weiter.

Nun war auch der Truppenarzt mit seinem Latein am Ende. Er ließ mich weiter meditieren, bestellte aber schon mal einen Krankenwagen, um mich ins 50 km entfernte Militärhospital bringen zu lassen. Solange bis der Krankenwagen eintraf, sollten die untergeordneten Soldaten, die mich als erste angeschrien hatten, auf mich aufpassen. Sie sollten verhindern, dass ich zum Beispiel aus dem Fenster springen würde. Diese Burschen hatten wirklich keine Ahnung, was in mir vorging. Sie meinten, ich würde während meiner Meditation nichts mitbekommen und unterhielten sich über ihre Frauengeschichten und andere Missetaten aus ihrem Privatleben.

Zwischenzeitlich hatte ich schon über eine Stunde lang meditiert, was für mich damals ungewöhnlich lang war, und kam auf die Ebene des ‚ritam bhara prajna.‘ Das ist eine Ebene des Bewusstseins, in der jeder Gedanke die Realität abbildet. Jeder Gedanke ist wahr oder wird wahr. Es war total faszinierend. Ich hatte früher schon von dieser Bewusstseinsebene gehört, aber jetzt erfuhr ich sie zum ersten Mal und dann gleich so lange anhaltend. Ich hatte den einen klaren Gedanken, dass ich es mit diesen Leuten nicht aushalten würde und dass ich wieder nach Hause wollte. Gleichzeitig hatte ich die absolute Gewissheit, dass dieser Gedanke Realität werden würde. Das war meine erste Erfahrung richtiger Macht des Bewusstseins.

So geschah es dann auch. Die Sanitäter mit dem Krankenwagen kamen nach einer weiteren halben Stunde. Sie holten mich vom Bett herunter und schnallten mich auf eine Liege. Dann ging es im Krankenwagen mit Blaulicht ins Hospital. Ich fand das irgendwie lustig und, da ich im Liegen nicht weiter meditieren wollte, entspannte ich mich einfach nur und hatte eine wunderschöne Erfahrung von kosmischen Bewusstsein. Mein Bewusstsein dehnte sich unendlich weit aus und ich genoss es, einfach nur zu sein.

Im Militärhospital angekommen, wurde ich dann gründlich untersucht. Der Blutdruck wurde gemessen, Blutproben entnommen und immer wieder die Pulsrate geprüft. Ansonsten sprach aber kein Arzt oder keine Schwester zu mir. Das ging dann drei Tage lang so und mir wurde allmählich langweilig. Ich war in einem großen Zimmer mit sieben oder acht Leuten untergebracht. Viele von ihnen hatten es mit irgendwelchen Tricks geschafft, dem aktiven Dienst zu entkommen und stattdessen im Hospital eine Auszeit zu nehmen. So begannen dann solche Unterhaltungen wie: „Na wie hast du es geschafft?"

Als ich mit Antworten an der Reihe war, sagte ich, ich habe einfach meditiert. Sie wollten nicht glauben, dass dies so einfach sei und haben sich dann genau erkundigt. Ich enthüllte ihnen, dass sie Glück hätten, denn ich sei ja ein ausgebildeter Meditationslehrer. Sie könnten die Meditation in kurzer Zeit von mir erlernen. So sagte ich, am besten wir fangen gleich an und hatte sofort die volle Aufmerksamkeit aller meine Zimmerkollegen. Ich sagte ihnen, sie sollten jetzt mal ihre Pornoheftchen weglegen und mir genau zuhören. Dann startete ich mit meinem Einführungsvortrag und beschrieb die Vorteile einer täglichen Meditation.

Nun kam eine Krankenschwester in den Raum und fragte, was wir hier denn veranstalten würden? Ich sagte, dass ich einen Vortrag über Meditation hielt, damit das dann alle lernen könnten. Sie sagte, das dürfe ich aber nicht, worauf ich sagte, wieso denn, es hätte mir ja niemand verboten. Nun entstand eine gewisse Panik beim Krankenhauspersonal, denn man hatte ja wohl gehört, wie effektiv meine Meditation funktionierte.

Kurz darauf lud mich ein Arzt zu einem Gespräch ein und wollte von mir wissen, warum mein Blutdruck und meine Pulsrate am ersten Tag so extrem geschwankt hätten, und mittlerweile wieder völlig normal seien? Ich sagte, dass ich dafür schon eine Erklärung hätte. Aufgrund der vielen Störungen meiner Meditation musste ich wesentlich länger meditieren als normal und sei dann in einen Zustand des kosmischen Bewusstseins gekommen, worauf sich eine Menge an Stressen im Körper gelöst hätten. Dabei könne es dann schon mal zu solchen extremen physiologischen Veränderungen kommen. Er wollte wissen, ob ich ihm kosmisches Bewusstsein und den Vorgang der Stresslösung genauer erklären könnte. Ich bejahte das und sagte ihm, dass ich dazu allerdings etwa eineinhalb Stunden benötigte. Er sagte, dass er sich die Zeit gerne nehmen würde. Er habe jetzt bald Dienstschluss und dann könnten wir uns ausführlich unterhalten.

Wir trafen uns wieder in seinem Behandlungszimmer. Er erzählte mir, dass er auch ein Wehrdienstleistender sei und eben als Arzt seinen Dienst tue. Mir war dann sofort klar, dass er sich nicht für längere Zeit bei der Bundeswehr verpflichtet hatte und somit auch nicht unbedingt mit Leib und Seele dabei war. Ich begann also meinen eineinhalbstündigen Meditations-Einführungsvortrag. Ich erklärte ihm alle Vorteile regelmäßiger Meditation, die guten Auswirkungen auf das geistige Potenzial, bessere Intelligenz, Kreativität und Lernfähigkeit. Das nächste Hauptthema war die Gesundheit, die tiefe Ruhe und ihre guten Auswirkungen. Er hörte gespannt und aufmerksam zu. Dann kam ich zum Thema soziales Verhalten und erklärte ihm, wie der Kontakt zu dieser inneren Glücksquelle auch das äußere Verhalten in jeder Weise bereicherte und alle Menschen dazu brächte, wesentlich freundlicher und harmonischer miteinander umzugehen.

Nach einer Stunde unterbrach er mich zum ersten Mal. Er sagte, Herr Krug, wenn alle Menschen diese Meditation praktizieren würden, dann gäbe es ja so viel Harmonie und Frieden auf der Welt, dass die Bundeswehr überflüssig würde! Ich war über diese Bemerkung hocherfreut und antwortete ihm, dass er damit ja genau das nächste Thema meines Vortrags schon vorweggenommen hatte. Ich erklärte ihm dann noch einige Einzelheiten, wie dadurch ein permanenter Zustand von Weltfrieden erreicht werden könnte.

Er hörte sich das noch ein bisschen an und unterbrach mich dann wieder freundlich und sagte mir mit klaren Worten, Herr Krug, ich denke, es wäre besser für sie und für die Bundeswehr, wenn sie nicht weiter ihren Dienst leisten würden! Können Sie das akzeptieren? Ich überlegte kurz und sagte ihm dann: „Ja, wenn Sie mich hier nicht brauchen können, habe ich damit kein Problem."

Jetzt hatte ich den Wendepunkt erreicht. Nun lief alles wie am Schnürchen. Der Arzt erklärte mir noch kurz, wie das jetzt abzulaufen hatte. Zunächst sollte ich mich zu einem Neurologen begeben, mich von ihm untersuchen lassen und mit seinem Bericht zurückkommen. Für den Neurologen gab er mir ein versiegeltes Schreiben mit und ich vermute mal, dass er ihm mitgeteilt hatte, wie das Ergebnis der Untersuchung in etwa aussehen sollte. Auch warnte er mich, jetzt nicht einfach zu verschwinden, denn ich sei immer noch Soldat und desertieren sei eine strafbare Handlung. Es würde jetzt alles seinen Gang gehen und ich würde dann nach Erledigung der Formalitäten entlassen werden.

Die Unbesiegbarkeit

Beim Neurologen verdrahtete man mich zu einer Gehirnwellen-Untersuchung. Ich war total begeistert, denn ich wusste schon, dass sich beim Meditieren die Gehirnwellen ändern. Als ich dann die Anweisung bekam, die Augen zu schließen, fragte ich, ob ich gleich auch meditieren sollte. Der Neurologe antwortete völlig entsetzt, das sollte ich auf keinen Fall tun, sondern nur seine Anweisungen befolgen und die Augen schließen. Mit meiner langen Meditationspraxis kam ich aber natürlich auch ohne Meditation beim Augenschließen sofort in die Stille des Samadhi. Nun hatte er die ungewöhnlichsten Gehirnwellen auf dem Papier. Das reichte für seine Untersuchung aus und er verfasste seinen Bericht.

Mit dem Bericht fuhr ich zurück ins Militärhospital und überreichte ihn meinem behandelnden Arzt. Er entließ mich und beauftragte mich, mit dem Zug zurück in die Kaserne nach Cham zu fahren und dort auf die Erledigung der Formalitäten zu warten. In der Kaserne kam ich auf die ambulante Krankenstation und bekam dort ein Einzelzimmer mit der Nummer 108. Das war für mich eine sehr spirituelle Zahl und ein Glückssymbol, welches mir zeigte, dass jetzt alles so richtig gut zu meinen Gunsten lief.

Ich hatte den ganzen Tag nichts Besonderes zu tun, arbeitete also etwas weiter an meinen Patenten und genoss das Leben. Zur Mittagszeit schlenderte ich gemütlich hinüber zur Essenskantine, die ich noch vom ersten Abend kannte, und bedauerte unterwegs die armen Kollegen, welche dreckverschmiert von ihren Einsätzen zurückkamen.

Ich setzte mich an einen einzelnen Tisch zum Essen und danach spazierte ich wieder zurück zur ambulanten Krankenstation. Diese Aktion hatte eine Krankenschwester bemerkt und fragte mich, was ich denn da gemacht hätte. Ich sagte ihr, dass ich zum Essen war und sie sagte, das dürfe ich nicht, ich dürfe nicht einfach die Krankenstation verlassen. Daraufhin fragte ich sie, ob ich denn hier verhungern solle? Sie sagte, nein keineswegs, wir werden ihnen ihr Essen aufs Zimmer bringen. Damit war ich zufrieden und hatte nun also auch noch Zimmerservice.

Nun war ich schon fast eine Woche lang bei der Bundeswehr, hatte so etliches erlebt und wurde jetzt zum Chef des ganzen Standorts gerufen. Das war derjenige, den ich am ersten Tag über drei Stockwerke hinweg schreien hörte und der mich ins Gefängnis stecken wollte. Er war jetzt wie verwandelt. Er sprach zu mir mit freundlicher, fast sanfter Stimme und war sich wohl bewusst, dass ich mich ja jederzeit einfach irgendwo wieder hinsetzen könnte und meditieren anfangen könnte.

Er sagte mir, dass wir auf die Erledigung der Papiere noch einige Tage warten müssten. Jetzt am ersten Wochenende bekäme sonst niemand Heimaturlaub. Bei mir könnte er aber eine Ausnahme machen. Ich war etwas verdutzt und schaute ihn einfach nur an. Darauf fragte er mich, ob ich denn Schwierigkeiten hätte, am Wochenende meine Eltern zu besuchen?

Ich sagte immer noch nichts und überlegte eine Antwort, worauf er gleich fragte, ob ich nicht genügend Geld hätte, zurückzufahren? Ich bejahte das und er sagte mir, dass ich ausnahmsweise meinen ersten Sold schon im Voraus bekommen könnte. Damit war der Wochenendurlaub dann möglich und er ermahnte mich noch eindringlich, unbedingt wieder zurückzukommen, damit ich nicht als Deserteur bestraft werden müsste. Ich würde dann nur noch einige Tage hier in der ambulanten Krankenstation verbringen und dann sei die Sache erledigt.

Also hatte ich als Einziger einen Urlaub und zu Hause erzählte ich meinen Eltern ausführlich, was ich alles so erlebt hatte. Mein Vater hatte wesentlich mehr Angst als ich und warnte mich, unbedingt vorsichtig zu sein. Die Sache war aber ja eigentlich schon erledigt und ich war am Montag wieder zurück in der Kaserne und wartete noch einige Tage. Nach zehn Tagen abwechslungsreichem Militärdienst hatte ich meine Entlassungspapiere in der Tasche. Ein kleiner Wermutstropfen war, dass ich nur für ein Jahr zurückgestellt wurde.

Ich fuhr zurück zu meinem Kollegen Joachim in das Meditationszentrum in Pforzheim und erzählte allen meine Geschichte. Joachim war ein guter Artikelschreiber und verfasste einen Bericht, den wir an über 100 Zeitungen in ganz Deutschland versandten. Als erstes kam die Zeitschrift ‚Bunte' mit einem Fotoreporter zu uns nach Pforzheim. Sie zahlten mir noch 500 DM für den Bericht. Er erschien dann auf der Seite ‚Leute von Morgen' unter dem Titel ‚Ruhe!'

Danach kam dann auch noch die Süddeutsche Zeitung und veröffentlichte einen langen Artikel auf der Seite 3 mit dem Titel „Der Soldat – im

Die Unbesiegbarkeit

Indianersitz unbesiegbar." Jetzt stand es also in der Zeitung, dass ich unbesiegbar war. Sie stellten es so dar, dass ich als einzelner Soldat die ganze Armee besiegt hatte. Und genauso fühlte ich mich auch. Die Macht meines Bewusstseins war nun sichtbar geworden! Es war eine wertvolle Erfahrung und das Gefühl der Unbesiegbarkeit hat mich seitdem nie mehr verlassen.

Kurze Zeit später trat ich in die Dienste des Yogi, was ich in den nächsten Abschnitten noch ausführlich beschreiben werde. Die Bundeswehrgeschichte war damit aber noch nicht ganz abgeschlossen, denn ich war ja nur für ein Jahr zurückgestellt. Ich wurde dann noch mehrmals intensiv zu einer weiteren Musterung aufgefordert. Das versuchte ich mit allen Mitteln zu vermeiden wobei einige Schreiben hin und her gingen und man mir schließlich unmissverständlich mitteilte, dass ich bei der nächsten Einreise aus der Schweiz nach Deutschland auch verhaftet werden könnte.

Jetzt wurde es ernst und ich musste schon mal zu so einer Musterung kommen. Das hatte ich auch vor und bei der nächsten Ankunft am Flughafen in Frankfurt spürte ich die Gefahr. Sie hatten dort gerade ein neues Scansystem installiert, mit dem jede Passnummer erfasst und mit internen Listen verglichen wurde. Es waren nur noch zwei Leute vor mir und ich hatte richtig intensive Angst. Dann stockte plötzlich alles und man teilte uns einige Minuten später mit, dass das Computersystem am gesamten Frankfurter Flughafen zusammengebrochen war. Die Passprüfung ging danach manuell weiter und ich konnte problemlos durchgehen.

Das war noch mal gut gegangen und in den nächsten Tagen ging ich zur Musterung in Bamberg. Nach etwa eineinhalb Jahren beim Yogi hatte ich natürlich ein viel intensiveres Meditationsprogramm und übte auch täglich die Siddhis, insbesondere das Yoga-Fliegen.

Also füllte ich den Fragebogen bei der Musterung wahrheitsgemäß aus. Ich könne jederzeit wieder zur Bundeswehr kommen, sei allerdings sehr rauchempfindlich, sodass ich unbedingt ein Einzelzimmer brauche, außerdem würde ich mich ausschließlich vegetarisch ernähren. Man solle sich also auf diesen Speiseplan einstellen. Zusätzlich benötige ich ein Meditationszimmer mit einigen Matratzen, sodass ich darauf meine täglichen Flugübungen ausführen könne, welche zusammen mit der Meditation etwa

Kapitel 3 - Wie ich den Yogi kennenlernte

5 Stunden am Tag dauerten. Wenn ich das alles hätte, könne ich natürlich jederzeit den Wehrdienst leisten.

Der Musterungsarzt und seine Assistentin, die wohl schon seit Jahrzehnten fast wie ein Ehepaar zusammengearbeitet hatten, sahen nur kurz meinen Fragebogen an. Dann sagten sie mir sofort, Herr Krug, einige Leute sind einfach nicht für die Bundeswehr geeignet! Passen Sie mal auf, das machen wir so, wir senden sie jetzt zu diesem Psychiater in Bamberg. Überreichen Sie ihm unser Schreiben und bringen sie das Gutachten von ihm zurück.

Der Psychiater hatte dann echte Mühe, das erwartete Ergebnis zu diagnostizieren und er suchte wirklich intensiv nach irgendwelchen Mängeln bei mir. Ich sollte mit geschlossenen Augen an einer geraden Linie entlang laufen, musste auch einige andere Übungen machen und er war immer noch am überlegen, was er da wohl schreiben sollte. Dann saß er neben mir und sagte, Herr Krug, sie sehen etwas blass aus, treiben sie denn irgendeinen Sport? Ich verneinte das sofort und überlegte es mir aber nochmals und sagte, eine Sache gäbe es da schon, die man als Sport bezeichnen könnte. Ich mache jeden Tag Flugübungen und beschrieb ihm, dass wir dabei auf Schaumstoffmatratzen auf und ab hüpfen und das sei ja doch eine recht sportliche Aktivität. Er fragte mich noch eine Minute lang weiter nach anderen Dingen, bis ihm plötzlich klar wurde, was ich da gesagt hatte.

Dann drehte er sich plötzlich zu mir um, schaute mir direkt in die Augen und fragte mich, Herr Krug, glauben Sie denn wirklich, dass ein Mensch jemals fliegen kann? Ich sagte, ja, das sei auf jeden Fall möglich, auch wenn wir zur Zeit noch beim ersten Stadium des Fliegens seien und dies noch eher wie ein Froschhüpfen aussähe und wir daher auch Matratzen benötigten, um wieder sanft zu landen.

Er sagte, Herr Krug, die Untersuchung ist jetzt beendet, sie können ihr Hemd wieder anziehen und ging daran, seinen Bericht zu schreiben. Ich musste den Bericht versiegelt an die Musterungsstelle zurückbringen. In etwa konnte ich mir schon denken, was darin stand, aber ich hatte meinen Zweck erreicht und einige Tage später erfuhr ich durch ein Schreiben der Musterungsstelle, dass ich für die deutsche Bundeswehr ungeeignet sei und daher auch keinerlei Wehrdienst mehr leisten müsste. Damit war für mich dann die Frage der Unbesiegbarkeit endgültig geklärt.

Wissenschaftliche Erforschung der Meditation

Nachdem ich wieder von meinem 10-tägigen Ausflug bei der Bundeswehr zurück war, hatte ich größere Ziele, als nur im Meditations-Zentrum weiterzumachen. Am Anfang des Jahres 1977 ergab sich die erste Gelegenheit. In der internationalen Zentrale der Meditations-Organisation wurde ein Englisch-Deutsch Übersetzer gesucht, um englischsprachige Kurse auch deutschen Hörern anbieten zu können. Das hatte ich früher schon mal gemacht und obwohl ich kein Profi auf dem Gebiet war, meldete ich mich für diesen Job und wurde sofort akzeptiert.

Ich reiste also von Pforzheim im Schwarzwald in die Schweizer Berge. Es war eine angenehme und schöne Reise mit dem Zug und dann mit dem Schiff auf dem Vierwaldstättersee. Über meine Anfangsschwierigkeiten, dort akzeptiert zu werden, hatte ich ja schon im ersten Kapitel berichtet. Nach einem Tag ging aber alles ganz gut und ich konnte mit meiner Arbeit beginnen.

Da kam ich erst mal in ein Riesenstudio, in dem auf etwa 300 m² eine Videomaschine neben der anderen stand und gleichzeitig etwa 20 Leute arbeiteten. Ein paar Ingenieure hielten alles am Laufen, einen von ihnen hatte ich vorher schon mal getroffen, als er auf einer Durchreise durch meine Heimatstadt Bamberg kam. Er half mir gleich, eine Maschine für meine Übersetzungen einzurichten und wir kamen immer ganz gut miteinander aus.

Auch wenn ich es mir nicht ganz eingestehen wollte, so waren meine Übersetzerqualitäten doch nicht wirklich gut. Zumindest hatte ich aber schon mal einen Einstieg und lebte in dieser internationalen Gruppe der engsten Mitarbeiter des Yogis. Der Yogi selbst war gar nicht da, sondern hielt sich in Kurshotels am Vierwaldstättersee auf. Überall in der Schweiz und auch in Frankreich liefen mehrere Kurse parallel.

Nachdem ich frisch angekommen war, bemerkten einige der Kollegen, dass ich doch dieser junge Mann war, der bei der Bundeswehr meditiert hatte. Mein Ruf war mir schon vorausgeeilt und sorgte in unseren Gesprächen bei Tisch immer wieder für Belustigung. Einige hatten sogar die Zeitungsartikel aufgehoben. Dabei erzählte ich auch von meinem Patent, mit dem ich eine wesentliche Neuerung in die Welt der Elektronik einführen wollte.

Bei Tisch wurde dann die Idee geschmiedet, dass ich doch besser zur Forschungsabteilung der Universität kommen sollte. Jemand, der einen direkten Kontakt zum Vizepräsidenten der Universität hatte, wollte mich dort empfehlen. Ein paar Tage später kam er zu mir und sagte, ich könne jetzt in diese andere Abteilung wechseln. Das war mir ganz recht und wahrscheinlich auch den Kollegen aus der Videoabteilung, weil sie auf diese Art einen mittelmäßigen Übersetzer wieder loswurden.

Der Wechsel in die andere Abteilung begann erst mal mit einem herrlichen Ausflug an einem Frühlingstag entlang des Vierwaldstättersees, denn die Forschungsabteilung war in einem anderen Ort, jedoch auch am See. In der Forschungsabteilung fokussierten wir uns hauptsächlich auf die Untersuchung der Gehirnwellen mithilfe von EEG-Maschinen und Computer. Es war möglich, die Kohärenz der Gehirnwellen am Computer auszurechnen und daraus bis zu einem gewissen Grad abzulesen, wie still jemand meditieren konnte.

Dort fing ich dann als Assistent an und interessierte mich natürlich sofort für den Computer. Der Laborleiter testete mich erst einmal kritisch. Er fragte, ob ich denn irgend eine Ahnung von Computern hätte, ob ich die Computersprache Basic denn überhaupt beherrschte. Ich bejahte das sofort, denn am Gymnasium hatte ich immer von einem neuen Computer geträumt, der die damals übliche Hochsprache Basic verstand. Ich hatte die Broschüren für diesen neuen Computer sehr gründlich studiert und alle Sprachelemente auswendig gelernt, hatte selbst aber noch nie die Gelegenheit, in der Sprache Basic zu programmieren. So fragte ich den Laborleiter, welche Version von Basic sein Computer verstand und er drückte mir eine etwa 500-seitige Betriebsanleitung in zwei großen Ordnern in die Hand. Ich fragte ihn, ob ich diese zum Studieren auch mit auf mein Zimmer nehmen dürfe. Das war so in Ordnung und in der folgenden Nacht schlief ich fast gar nicht, sondern lernte alle Strukturen und Befehlssätze dieser Basic Computersprache.

Das brauchte ich am nächsten Tag noch gar nicht, denn zunächst sollte ich nur einfache Hilfsarbeiten ausführen, Programme starten, den Computerplotter bedienen und lernen, wie man Versuchspersonen an die EEG-Maschinen anschließt. Das waren natürlich alles ganz einfache Dinge für mich und ich konnte es nach wenigen Tagen perfekt.

Mich interessierten jedoch weiterhin die Computerprogramme und ich begann allmählich, die ersten Verbesserungen dort vorzunehmen. Das passte dem Laborleiter überhaupt nicht, jedoch entwickelte ich auch einen ganz guten Draht zu den anderen Wissenschaftlern und vor allem zum Vizekanzler der Universität. Auf diese Weise wurden mir allmählich immer mehr Freiheiten eingeräumt.

Nun stand wieder ein Umzug an und das Labor mit mehreren Räumen voller Geräte sollte an einen anderen Ort. Ich passte genau auf, wie all die Geräte richtig miteinander zu verbinden waren und lernte so das Labor ganz genau kennen. Am neuen Platz half ich dann schon mit, das Ganze wieder zum Laufen zu bringen. Wir hatten schönere Räume und der größte Vorteil war natürlich, dass am neuen Platz auch der Yogi immer wieder anwesend war, sofern er nicht gerade eine seiner vielen Reisen unternahm.

Etliche Monate lang lernte ich die Labor-Elektronik immer besser kennen, führte eine Reihe von Verbesserungen ein und arbeitete mich auch immer tiefer in die Software ein. Schließlich kannte ich mich damit recht gut aus und war wohl einer von nur drei Leuten an diesem Ort, der nicht nur über die Gehirnwellen-Kohärenz reden konnte, sondern auch jederzeit die Formel dafür auf Papier aufschreiben konnte, bzw. im Computer-Programm genau wusste, was da berechnet wurde.

Aufgrund von Visa-Schwierigkeiten musste der amerikanische Laborleiter wieder in die USA zurück und ich übernahm die Leitung der Labortechnik einschließlich der EEG-Maschinen und Computeranlage. Die erste Herausforderung war dann ein weiterer Umzug in neue Räumlichkeiten und ich schaffte es tatsächlich problemlos, hunderte von Kabeln und Steckern alle wieder richtig zu verbinden, sodass das System wieder einwandfrei lief.

Es kam zu dieser Zeit auch mein Freund Gerd[2] dazu. Das war dann wie ein freudiges Wiedertreffen einer Person, die ich irgendwie schon aus einem früheren Leben kannte. Von nun an leiteten wir die Labortechnik gemeinsam.

Zusätzlich arbeitete ich mich auch immer tiefer in die damals noch recht neue Digitalelektronik ein, lernte die Funktionen aller möglichen Chips kennen und baute damit neue Geräte, die für die Messungen in den Labors benötigt wurden. Außerdem mussten wir alle Geräte am Laufen halten und wenn nötig auch reparieren. Dabei halfen wir den Forschern mit medizinischer oder psychologischer Ausbildung, damit ihre Experimente auch gelangen, denn sie stellten sich bei der Technik oft ganz hilflos an.

Ich arbeitete mich immer intensiver in die Computer-Software ein und entdeckte schließlich, dass da noch einige Fehler einprogrammiert waren. Insgesamt beseitigte ich zehn verschiedene, gravierende Fehler, welche alle Kohärenzberechnungen über Jahre hinweg verfälscht hatten und immer wieder zu hohe Kohärenzwerte anzeigten, die in Wirklichkeit gar nicht vorhanden waren. Das war so ähnlich wie bei einem übersteuerten Audioverstärker, wodurch dann die Sprache oder Musik zu Krächzen anfing und das auf allen Kanälen gleichzeitig. Solche Störungen gab es auch bei falsch eingestellten Verstärkungswerten auf unseren EEG-Maschinen. Diese Verstärkungseinstellungen automatisierte ich dann in der Software und stellte damit sicher, dass keine falschen Kohärenzwerte mehr angezeigt wurden.

Darüber sprach ich natürlich auch wieder mit Freunden beim Essen oder in unserer Freizeit und irgendwie bekam das auch der nationale Leiter für die Meditationsorganisation in Deutschland mit und er war mächtig stolz darauf, dass zwei junge Deutsche das EEG-Forschungslabor in Ordnung gebracht hatten. Er hatte mich dann wohl dafür lobend beim Yogi erwähnt. Mich hingegen interessierten all diese nationalen Überlegungen

---

[2] Dieser Gerd war eine andere Person als der spätere Koautor des Buchs Gehirnsoftware.

gar nicht und ich bekam das auch nur am Rande mit. Ein paar Jahre später wurde er aber noch wie ein väterlicher Freund zu mir. Er war so viel älter als ich, dass er mein Großvater hätte sein können.

In den Diensten meines erleuchteten Meisters

Wie ich schon vorher erwähnte, war der größte Vorteil am neuen Standort, dass wir immer wieder den Yogi treffen konnten. Meist war das in abendlichen Vorträgen, die er in der großen Halle abhielt. Tagsüber machte jeder seinen Job und abends trafen wir uns mit unserem geliebten Yogi.

Es gab immer wieder neues Wissen von ihm. Er erklärte uns die indische Philosophie, das Vedische Wissen, seinen wissenschaftlichen Ansatz, die höheren Bewusstseinszustände und die ganze Welt aus seiner Sicht. Er war ein Jagat Guru, ein Weltenlehrer. Wir waren eine Gruppe von etwa 200 Leuten, die permanent in seinen Diensten standen. Jeder liebte die wunderbare Atmosphäre, die regelmäßig in seiner Anwesenheit entstand. Es war wirklich wie Himmel auf Erden.

Zu dieser Zeit gab es viele wissenschaftliche Konferenzen, bei denen die Themen Bewusstsein und Bewusstseinsentwicklung wissenschaftlich untersucht und auch wissenschaftstheoretisch betrachtet werden sollten. Die größten Ereignisse waren diejenigen, bei denen die eingeladenen Nobelpreisträger auch tatsächlich kamen und sprachen. So entstanden oft sehr tiefgründige Gespräche, in denen der Yogi die Vedische Wissenschaft den modernen Wissenschaftlern erklärte. Er hatte dabei auch die Unterstützung der Wissenschaftler seiner Universität, die bereit waren, immer wieder neue Brücken des Wissens zu bauen. Ein Hilfsmittel war dabei oft die Analogie, das Erkennen von Gemeinsamkeiten in der Bewusstseinsentwicklung und in etablierten naturwissenschaftlichen Phänomenen und Prinzipien.

All diese Themen waren für mich hochinteressant und ich konnte aufgrund meiner eigenen gründlichen naturwissenschaftlichen Ausbildung und auch meiner mathematischen Kenntnisse nahezu alle diese Gedanken selbst nachvollziehen. So war es mein Glück, dass ich zunächst als Assistent und dann als technischer Leiter der Forschungsabteilung immer wieder leicht Zugang zu diesen Konferenzen hatte. Wenn es Konferenzen gab, ließen wir unsere Forschung ruhen und beschäftigten uns lieber mit dem neuen Wissen, das uns hier offenbart wurde.

Dabei habe ich den Yogi als gründlich arbeitenden Wissenschaftler erlebt, der immer wieder offen für Neues war. Er konnte auch Fragen stellen, auf die er nicht sofort eine Antwort hatte und analysierte stattdessen die Antworten herausragender Wissenschaftler und stellte sie in den Kontext des Vedischen Wissens. Das erlebte ich in den Jahren 1977 bis 1983. Danach ging er sogar noch einen Schritt weiter und beeinflusste die gesamte Physikforschung. Irgendwie gelang es ihm, die Erforschung des einheitlichen Feldes zu einem Hauptthema der Quantenphysik zu machen. Dieses Phänomen möchte ich im Kapitel 6 noch etwas ausführlicher betrachten.

So hatte ich die seltene Gelegenheit, das Denken des Yogi und vor allem seine wissenschaftliche Vorgehensweise immer besser zu verstehen. Er ließ seine Meditationsmethode wissenschaftlich untersuchen und überall konnten die enormen Vorteile durch deutliche Messungen bestätigt werden. Obwohl ich selbst keine Forschungen veröffentlicht hatte, war ich dennoch intensiv an solchen Messungen beteiligt und sorgte dafür, dass sie präzise durchgeführt wurden. Das wusste er zu honorieren und es sollte mir später auch noch einen ganz besonderen Zugang zum Yogi verschaffen.

Eines Tages lud der Yogi mich und meinen Freund Gerd zu einem besonderen Treffen an einem warmen Sommertag in den Garten ein, von dem aus wir alle einen wunderbaren Blick in die Schweizer Berge genießen konnten. Für uns beide war das etwas Neues, denn es war nur ein kleiner Kreis von etwa 30 Leuten bei diesem Treffen. Nun kam die Überraschung für uns, denn der Yogi schickte alle zurück in die Hotels zu ihrem abendlichen Meditationsprogramm. Er instruierte aber Gerd und mich und seinen Privatsekretär, noch zu bleiben. Was dann kam, war wie ein Einstellungsgespräch. Wir durften uns namentlich vorstellen und sollten über unseren persönlichen und beruflichen Werdegang berichten. Ich konnte förmlich die überraschten, vielleicht auch etwas neidischen Blicke der anderen von den Fenstern ihrer Hotelzimmer aus fühlen. Was war besonders an diesen beiden jungen Männern, dass sie der Yogi noch persönlich interviewte? Wir wussten es ja selbst nicht genau, aber irgendwie hatte er noch Großes mit uns vor, was sich dann im Laufe der nächsten Jahre herausstellte.

Ab diesem Zeitpunkt waren wir mit dem Yogi quasi per du. Der Yogi sprach uns ab und zu mit Vornamen an, wenn er mit uns kommunizieren wollte. Das wurde für mich dann im Laufe der Jahre immer besser. Eine zeitlang konnte ich ihn auch jederzeit kontaktieren, wenn es bei den Projekten, die ich für ihn durchführte, irgendwelche Dinge zu klären gab. Damit unterstand ich dann nicht mehr dem Vizepräsidenten der Universität, sondern stattdessen dem Yogi direkt. Gelegentlich war meine Kommunikation mit ihm sogar so intensiv, dass er mich persönlich am Telefon anrief, wenn es etwas zu besprechen gab, während ich zum Beispiel im Ausland unterwegs war.

Eine weitere Art mit ihm zu kommunizieren, waren diese scheinbar zufälligen Begegnungen auf den Fluren des Hotels. An manchen Wochen traf ich ihn sogar zwei- oder dreimal auf diese Weise. Er hatte immer ein nettes Wort, eine kleine Anregung, oder eine Frage, wie ein aktuelles Projekt zurzeit so läuft. Später wurde mir klar, dass diese Begegnungen überhaupt nicht zufällig waren, sondern dass ich eine Intuition dafür entwickelt hatte, wann genau der richtige Zeitpunkt war, mein Zimmer zu verlassen, um irgendwohin zu gehen. Es war einfach immer nur richtiges Timing. Das war eine weitere Anwendung der Macht meines Bewusstseins.

In einigen besonderen Situationen hatte ich diese Macht nun schon erlebt, ohne dass sie mir so richtig bewusst geworden war. Der Sieg über die hilflosen Soldaten bei der Bundeswehr war eine solche Manifestation meiner Macht des Bewusstseins. Ebenso dieses Gefühl der Unbesiegbarkeit in mir, das ein Leben lang anhielt.

Es gab im Umfeld des Yogis aber noch viele andere Gelegenheiten, die Macht des Bewusstseins weiterzuentwickeln. Er wollte Projekte immer sofort erledigt haben. Dabei brachte er uns manchmal an die Grenzen des Menschenmöglichen. Uns blieb nichts anderes übrig, als nahezu Wunder zu vollbringen, um diese wichtigen Projekte für ihn ganz schnell zu erfüllen. So trainierten wir unsere Macht des Bewusstseins immer noch weiter.

Somit hatte ich mich also schon irgendwie vorbereitet, nach einem Jahr beim Yogi die Siddhis auch offiziell und direkt zu erlernen

4

Die erste bewusste Bekanntschaft mit der Macht meines Bewusstseins

Endlich die Siddhis

Ende 1977 war ich schon fast ein Jahr in der Forschungsabteilung der Universität tätig, hatte viel Neues gelernt und inzwischen auch die technische Leitung übernommen. Wir hatten immer diese abendlichen Treffen mit dem Yogi. Dabei hatte ich natürlich auch bemerkt, dass einige der Mitarbeiter schon die Siddhis praktizierten und andere noch nicht.

Der Yogi sprach immer wieder davon, wie wunderbar die Siddhis seien, wie sie vor allem eine viel stillere Ebene von Samadhi beleben würden, wie sie den Praktizierenden befähigten, aus der Ebene der Stille heraus zu handeln. Damit meinte er die Fähigkeit, dass sich Gedanken manifestieren können. Das ist die eine Form der Macht des Bewusstseins, nämlich die Manifestation von Gedanken. Die andere Form der Macht des Bewusstseins ist, beliebiges Wissen aus jedem Platz des Universums abzurufen. Siddhis trainieren diese Macht des reinen Bewusstseins. Schließlich führt dies zu einer extremen Verfeinerung der menschlichen Wahrnehmung.

Ich hatte selbst noch keinen Siddhi-Kurs besucht und konnte es mir damals auch gar nicht leisten, da unsere Arbeit für den Yogi ehrenamtlich erfolgte. Also überlegte ich mir, wie ich die Siddhis lernen könnte und kam zu dem Schluss, dass der Yogi wohl möchte, dass diejenigen, die es sich leisten könnten, auch auf die Kurse kommen würden.

So beschloss ich, eine zeitlang wegzugehen, das Geld für die Kursgebühr zu verdienen, einen Siddhi-Kurs zu absolvieren und dann wieder zurückzukommen. Diesen Plan teilte ich dem Vizepräsidenten der Universität mit. Er nahm das zur Kenntnis und besprach es gleich mit dem Yogi. Dabei bedachte ich nicht, dass in meiner Abwesenheit sicherlich auch die Forschung eingeschränkt würde, denn ein Ersatz für meine technische Leitung war da nicht so schnell in Sicht.

Der Vizepräsident kam mit guten Nachrichten zurück. Er erzählte mir, dass der Yogi genehmigt hatte, dass nun alle ehrenamtlichen Mitarbeiter die Siddhis in einem kostenlosen Kurs erhalten würden, sofern sie nicht schon vorher die Siddhis erlernt hätten. Das war eine Gruppe von etwa 100 Personen. Der Yogi hatte gesagt, die Siddhas seien das Herz der internationalen

Kapitel 4 - Die erste bewusste Bekanntschaft mit der Macht meines Bewusstseins

Meditationsbewegung. Damit hatte er auch mein Herz berührt und ich entschloss mich, zu bleiben.

Wir lernten die Siddhis in kleinen Gruppen von jeweils vier Personen. In meiner Gruppe waren noch mein Freund Gerd aus dem Forschungslabor, der Vizepräsident der Universität und der Leibarzt des Yogis. Die praktischen Siddhi-Anweisungen erhielten wir von Tonbändern, die der Yogi selbst gesprochen hatte. Ich erinnere mich noch heute an den genauen Wortlaut. Diese Sache war für mich so wichtig, dass ich diese Wörter nie mehr vergaß. Ohnehin hatte ich ja schon immer ein sehr gutes Gedächtnis.

Die Einführungen in die Siddhi-Technik erhielten wir in mehreren Segmenten. Wir lernten also immer einige neue Siddhis und praktizierten sie für eine Woche, bis dann das nächste Segment drankam. So sammelten wir immer wieder neue Erfahrungen und mussten auch nicht zu viel auf einmal lernen.

Ganz zum Schluss kam das Yoga-Fliegen. Dies war eine ganz besondere Siddhi-Technik, bei der auch der Körper in Bewegung kam. Dazu hatten wir in den Kellerräumen der Hotels Schaumstoffmatratzen ausgelegt, die alle mit weißen Laken überzogen waren. Wir nannten sie unsere Flugräume. Um jegliche Ablenkungen zu vermeiden, hatten wir getrennte Flugräume für Männer und für Frauen.

Jetzt kam der große Moment des ersten Yoga-Fliegens. Ich kann mich noch genau erinnern, wie ich zum ersten Mal in diesen Flugraum kam, dessen Boden vollständig mit weiß überzogenen Matratzen ausgelegt war. Die meisten der anderen jungen Männer saßen im Schneidersitz oder im Lotussitz in der Nähe der Wände des Raums, während die Mitte des Raums meistens frei blieb.

Ich praktizierte die Flug-Siddhi, die ich vorher gelernt hatte und eine Zeit lang passierte erstmal gar nichts. Dann begannen einige im Raum zu hüpfen und sich etwas nach vorne zu bewegen. Dabei blieben sie im Schneidersitz oder im Lotussitz, während sich der Oberkörper etwas nach oben und nach vorne beugte, dann der ganze Körper etwas hochhüpfte und 20-50 cm weiter vorne wieder auf den Matratzen aufkam. Dabei entstand eine eigenartige Stimmung im Raum, eine im wörtlichen Sinn erhebende Stimmung. Wir, die Neuen, griffen diese Stimmung auf und waren auch plötzlich am Hüpfen. Es machte einen Riesenspaß und gab viel Gelächter und Freude. Dabei entstand eine riesige Energie und wir wurden ziemlich euphorisch. Es war fast wie ein Rausch, ohne irgendetwas konsumiert zu haben.

Am Anfang übten wir das Yoga-Fliegen für etwa 15 Minuten. Danach ruhten wir uns die gleiche Zeit aus und legten uns auf den Rücken auf den Schaumstoffmatratzen. Dieses Hüpfen war durchaus auch eine sportliche Aktivität und wir waren über diese Erholungsphase danach immer ganz froh. Mein Bewusstsein dehnte sich dabei öfters in kosmische Weiten aus und wir kamen als ganze Gruppe in tiefe Stille.

Das Aufspüren des Versteckten

Abgesehen vom Yoga-Fliegen tat sich bei meinen Erfahrungen mit den neu erlernten Siddhis nicht viel, mit einer Ausnahme. Diese Siddhi hieß das ‚Innere Licht' und sie funktionierte bei mir auch am Anfang schon recht gut. Inzwischen weiß ich auch woran das lag. Sie war die einzige Siddhi, bei der ich mich nicht exakt an die Anweisungen gehalten hatte. Unsere Anweisungen waren, ein Wort oder eine kurze Phrase zu denken und dann kurze Zeit abzuwarten. Das hat bei mir generell nicht funktioniert und keine besonderen Erfahrungen hervorgerufen. Es hat zwar eine Art meditativen Zustand herbeigeführt, der aber nicht unbedingt stiller war als die Meditation, die wir ohnehin vor den Siddhis praktizierten.

Wieso war diese Siddhi des Inneren Lichts für mich eine Ausnahme? Bei dieser Siddhi machte ich etwas spontan anders und hatte sofort intensive Erfahrungen damit. Ich dachte zwar diese zwei Worte ‚Inneres Licht', ging dann aber sofort mit meiner Aufmerksamkeit auf das Objekt oder den jeweiligen Gegenstand, der mich interessierte. Dann kamen das Wissen oder Visionen oder Bilder über den jeweiligen Gegenstand. Mir war es jahrelang nicht klar, dass ich hier einen anderen Denkprozess anwendete als bei den anderen Siddhis. Erst sehr viel später und nach einem langen Studium der Yoga Sutras hatte ich das Prinzip dahinter erkannt.

Eines Tages, nach unserem ersten Umzug des Forschungslabors und als der vorherige Laborleiter bereits wieder zurück in die USA gereist war,

Kapitel 4 - Die erste bewusste Bekanntschaft mit der Macht meines Bewusstseins

funktionierte plötzlich der Computer nicht mehr. Das war eine mittlere Katastrophe. Die gesamte Gehirnwellen-Forschung war auf Eis gelegt. Damals war der Computer nicht wie heute eine kleine Kiste, die jemand mal schnell unter den Arm nehmen und zum Reparieren bringen konnte. Es war ein sogenannter Mini-Computer, so groß wie ein kleiner Kleiderschrank. Computer waren damals noch nicht weit verbreitet. Unser Mini-Computer war jedoch im Vergleich zu dem Gerät, was ich zwei Jahre vorher im Elektrotechnik-Studium kennengelernt hatte, in einer wesentlich höheren Leistungsklasse.

Ich hatte also scheinbar keine andere Wahl, als mich in die Funktionsweise dieses Computers gründlich einzuarbeiten. Ich studierte stundenlang Schaltpläne in großen Ordnern auf hunderten von Seiten Papier. Irgendwie konnte ich in etwa herausfinden, dass der Fehler mit dem Speicher zu tun hatte, denn die Speicherinformation ging immer wieder verloren. Viel weiter kam ich aber nicht. Was heutzutage nur den Raum eines kleinen Mikroprozessorchips einnimmt, war damals noch auf mehrere große Platinen verteilt, die jeweils 150 separate Chips enthielten. Wo sollte man da zu reparieren beginnen? Wie sollte man da den Fehler finden? Außerdem kostete dieser Computer so viel wie ein Mittelklassewagen. Man tauschte so etwas nicht einfach mal aus, sondern irgendwie musste ich es schaffen, ihn zu reparieren.

Eines Abends, während ich immer noch die Schaltkreise des Computers zu verstehen versuchte, tauchte mein Freund Gerd auf und sagte, Heinz, ich glaube, ich habe da einen neuen Weg gefunden. Ich habe da heute Abend bei unserem Siddhi-Programm mit der Siddhi des Inneren Lichts etwas gesehen. Das sah so aus, wie ein Chip auf unserem Computer. Damit könnten wir doch herausfinden, was der Fehler im Computer ist. Wir waren beide von dieser neuen Möglichkeit total fasziniert. Nun ging es aber um die Details. Ich fragte Gerd, welchen Chip er denn gesehen hätte und zeigte ihm die Platine mit 150 Chips drauf. Er wusste nur, dass es so ähnlich wie eines dieser Chips ausgesehen hatte. So kamen wir also zunächst noch nicht weiter. Wir waren aber dennoch fasziniert und beschlossen, mit dieser Siddhi weiter an der Sache dran zu bleiben. Ich wollte mich am nächsten Morgen auch damit beschäftigen.

Das Aufspüren des Versteckten

Unser Meditations- und Siddhi-Programm hatten wir immer zu festgelegten Zeiten am Morgen und am Abend. Einen Teil davon übten wir einzeln auf unseren Zimmern und das Yoga-Fliegen gemeinsam in den Flugräumen. Bei meinen Siddhi-Übungen am nächsten Morgen fokussierte ich mich auf den Fehler in unserem Labor-Computer. Tatsächlich kamen auch bei mir die Bilder von Computer-Chips auf. Es war aber nicht nur ein einziges, sondern da waren auch all diese vielen anderen darum herum. Zunächst mal sahen die ja fast alle gleich aus, jedoch konnte ich einen Unterschied wahrnehmen, nämlich die Anzahl der Anschluss-Beinchen der Chips. Viel mehr Details konnte ich noch nicht unterscheiden. Es war aber zumindest schon einmal der Start einer verfeinerten Wahrnehmung und das war eine beglückende Erfahrung für mich.

Wieder im Forschungslabor, verglichen Gerd und ich unsere Siddhi-Ergebnisse. Gerd hatte auch Chips mit unterschiedlicher Anzahl von Beinchen wahrgenommen. Jetzt überlegten wir uns, wie wir da noch genauere Details herausfinden könnten. Die Chips hatten dann noch jeweils einen Aufdruck mit Nummern, anhand deren man sie unterscheiden konnte. Jede Nummer entsprach einer bestimmten Funktion. Also überlegten wir uns, wie wir diese Nummern herausfinden könnten und vor allem, wie wir den fehlerhaften Chip identifizieren könnten.

In der nächsten Siddhi-Übungssitzung fokussierte ich die Innere Licht Siddhi auf den fehlerhaften Chip. Dabei sah ich dann ein ganzes Netzwerk von Chips mit gelben Lichtströmen, die zwischen ihnen liefen. Ich hatte also tatsächlich die Ströme innerhalb des Computers als gelbes Licht wahrgenommen. Das war außerordentlich faszinierend. Dann entdeckte ich auch noch eine Stelle, wo der gelbe Lichtstrom eindeutig unterbrochen war. Es war mir sofort intuitiv klar, dass genau dort die Fehlerstelle lag.

Alles was ich noch machen musste, war die Nummer des Chips zu identifizieren. Also fokussierte ich mich darauf und es kamen aber eine Menge Ziffern, die mich eher verwirrten. So weit, so gut. Im Labor verglichen wir wieder unsere Ergebnisse aus dieser Bewusstseinsübung.

In der nächsten Siddhi-Sitzung fokussierten wir uns auf die Nummer des fehlerhaften Chips. Nach einiger Zeit erkannte ich, dass die Nummern nicht so geschrieben waren, wie wir sie beim Betrachten eines Objekts sehen konnten. Sie waren irgendwie vierdimensional verdreht. Allmählich wurde mir immer klarer, dass dies einer Betrachtung des Objekts nicht von außen, sondern vielmehr von innen heraus entsprach. Mit diesem Wissen konnte ich diese vierdimensionale Spiegelung der Chip-Nummern korrigieren und hatte nun ein klares Ergebnis.

Wieder im Labor sagte mir Gerd, dass er mit den Nummern völlig durcheinander gekommen sei. Ich hatte aber ein klares Ergebnis und verglich es mit den Schaltplänen und zum Schluss konnte ich alle Möglichkeiten aussortieren, sodass von den 150 Chips nur noch zwei mögliche Kandidaten übrig waren, die beide die gleiche Nummer aufgedruckt hatten. Dann brauchte ich nur noch etwas Logik aus meinem Verständnis der Schaltpläne und konnte eindeutig einen einzigen Fehler-Chip identifizieren. Es machte jetzt völlig Sinn, warum genau dieser Chip fehlerhaft war und die entsprechenden Fehler im Computer produzierte.

Jetzt war ich mir total sicher, den Fehler gefunden zu haben. Ich bestellte den Ersatz für den fehlerhaften Chip bei einem Elektronikversandhandel und zwei Tage später kam er an. Ich griff zum Lötkolben und tauschte den Chip aus, schaltete den Computer wieder ein, und welche Überraschung, der Computer funktionierte tadellos. Das Problem war gelöst und das Labor konnte wieder normal funktionieren.

Gerd und ich hatten den ersten grandiosen Erfolg mit unseren Siddhi-Übungen. Wir hatten gelernt, die Macht unseres Bewusstseins wirksam einzusetzen. Wir konnten das Wissen über eine komplizierte und versteckte Situation ganz gezielt herausfinden und damit ein großes Problem lösen.

Für mich war das Beste an der Sache, dass ich diese Bestätigung mit dem wieder funktionierenden Computer hatte. Ich hatte mir also nichts eingebildet, sondern hatte eine direkte Wahrnehmung der tatsächlichen Realität. Es konnte auch kein Zufall sein, denn bei der großen Zahl von Fehlermöglichkeiten in so einem Computer war mit Rätselraten wirklich nichts zu erreichen. Das war die Macht des Bewusstseins.

So wurde mir immer klarer, dass ich tatsächlich mit dieser Siddhi meine Wahrnehmung auf beliebige Objekte ausrichten konnte, die gar nicht im Sichtfeld meiner Augen waren. Es kamen noch ein paar andere interessante

Das Aufspüren des Versteckten

Erfahrungen mit der Inneren Licht Siddhi dazu und allmählich änderte sich mein ganzes Weltbild.

Mir wurde immer klarer, dass ich nicht ein Wesen bin, dessen Wahrnehmung auf einen Körper und seine Umgebung begrenzt ist. Ich bin jemand, der zwar durch den Körper schauen kann, aber nicht darauf begrenzt ist, sondern alles beobachten kann, worauf ich meine Aufmerksamkeit richte.

Irgendwie musste ich es auch nicht neu erlernen, sondern lediglich wiederentdecken. Ich musste eigentlich nur vergessen, dass meine Wahrnehmung durch die Sinnesorgane begrenzt wurde. In Wirklichkeit war es die Macht meines Bewusstseins, die alles, überall und zu jeder Zeit wahrnehmen konnte. Dazu möchte ich noch eine weitere Anekdote erzählen.

Einige Jahre später war ich in einer Gruppe mit dem Hauptziel, Siddhi-Erfahrungen zu machen und möglichst schnell erleuchtet zu werden. Wir übten daher die Siddhis intensiv etwa fünf Stunden am Tag. Wir hatten in einem verlassenen Kloster in Boppard am Rhein unser Quartier genommen. Nur den größten Teil des Tages zu meditieren und Siddhis zu üben, war mir dann manchmal auch ein bisschen zu viel und so war ich froh, dass ich mit einer Einladung in die internationale Zentrale der Meditationsorganisation für einige Tage in die Schweiz kommen konnte.

In der Schweiz angekommen, bekam ich aufgrund der Zimmerknappheit zu dieser Zeit nur ein Doppelzimmer zugewiesen. Mein Zimmernachbar war Evans, ein exzellenter Elektronik-Ingenieur aus Singapur. Er hatte noch einige technische Aufgaben im Hotel zu erledigen und ich wollte zum Yoga-Fliegen in den Flugraum gehen. Wir fanden heraus, dass ich früher zurückkommen würde und ich bat ihn daher, mir den einzigen Zimmerschlüssel zu geben. Evans war sehr pflichtbewusst und hatte versprochen, auf den Zimmerschlüssel sorgfältig aufzupassen, sodass er ihn mir zunächst nicht aushändigen wollte. Er befürchtete, dass ich den Schlüssel verlieren könnte. Ich habe ihn dann doch überzeugt und ging mit dem Zimmerschlüssel in der Tasche zum Flugraum.

Es sollte so kommen, wie es kommen musste. Auch Befürchtungen sind Wünsche, die erfüllt werden. Nach etwa einer Stunde kam ich aus dem Flugraum zurück und hatte tatsächlich den Schlüssel verloren. Mit der Erlaubnis meiner freundlichen Nachbarn konnte ich über das Nachbarzimmer und den Balkon durch die offene Balkontür in unser Zimmer kommen. Ich setzte mich hin und wollte erst mal ein paar Minuten meditieren, um mich von dieser Überraschung zu erholen. Just kam dann auch gleich Evans herein. Die Tür hatte ich inzwischen von innen aufgeschlossen. Er wollte seinen Schlüssel wiederhaben und ich konnte ihm nur sagen, dass ich ihn nicht hatte. Er erklärte mir daraufhin ausführlich, in welch ein großes Problem ich ihn damit gebracht hätte.

Ich sagte nur, Probleme gibt es nicht, und wollte jetzt herausfinden, wo der Schlüssel war. Dabei dachte ich daran, dass meine Siddhi mit dem Inneren Licht doch eigentlich ganz gut funktionierte und ich wendete sie sofort an. Während ich noch recht tief in meiner meditativen Stille war, fokussierte ich sofort meine Aufmerksamkeit auf den Schlüssel. Nach kurzer Zeit sah ich bereits ein Bild. Ich sah den Schlüssel in dem Zwischenraum zwischen zwei Schaumstoffmatratzen im Flugraum. Davon war ich schon total begeistert. Er war wohl bei den Flugübungen aus meiner Hosentasche herausgerutscht. Jetzt hatte ich ihn wiedergefunden und musste nur noch hingehen und ihn holen.

Zur Sicherheit schaute ich noch einmal an dieser Stelle, aber der Schlüssel war nicht mehr da. Wo war er denn jetzt? Sofort kam das Bild von dem Schlüssel in der Hosentasche von jemanden, den ich kannte. Ich sah nicht nur den Schlüssel, sondern auch seinen gesamten Körper mit all seinen inneren Organen in allen Farben und dreidimensional. An der Art seines Gangs und der Biegung seiner Wirbelsäule konnte ich sofort erkennen, dass es Dieter war. Er zog gerade seine Schuhe an und bewegte sich langsam in Richtung Aufzug im Kellergeschoss. Ich war im zweiten Obergeschoss und wusste, dass der Aufzug relativ langsam fuhr. Also stand ich gemütlich auf und schlenderte vor zum Aufzug. Der kam gerade an und tatsächlich war da Dieter und kam heraus. Ich fragte ihn, Dieter, hast du meinen Schlüssel gefunden? So erstaunt hatte ich ihn noch nie erlebt! Er hatte wohl noch überlegt, wie er jetzt den Besitzer des Schlüssels finden konnte. Zur Sicherheit fragte er mich noch, wie der Schlüssel aussah. Ich beschrieb ihn in allen Details. Dieter griff in seine Hosentasche, zog den Schlüssel heraus und gab ihn mir in die Hand. Mein Problem war gelöst, bzw. das Problem meines Zimmerkollegen. Wieder hatte ich eine Bestätigung, dass meine Wahrnehmung auch außerhalb der Begrenzungen meiner Sinnesorgane präzise stattfinden konnte.

Diese Siddhi-Erfahrungen mit dem Inneren Licht hatte ich über Jahre hinweg immer wieder und sie halfen mir sehr bei meinen speziellen Tätigkeiten in der Elektronik, zum Beispiel beim Reparieren verschiedenster Maschinen oder der Konstruktion neuer Maschinen.

So konnte ich damit in eine mir vorher unbekannte Maschine hineinschauen und den Fehler erkennen, bevor ich die Maschine öffnete. Das erweckte dann bisweilen den Eindruck, als wäre ich ein totaler Experte für alle Arten von Maschinen. Gut, wer all das mit der Macht seines Bewusstseins sofort sehen kann, ist ja auch ein Experte auf vielen Gebieten.

Auf diese Weise konnte ich dann Fehler sofort reparieren. Ich konnte mit der Siddhi des inneren Lichts auch zu einem gewissen Grad in die Zukunft und in die Vergangenheit schauen. So konnte ich sehen, ob eine neue Erfindung von mir in der nahen oder fernen Zukunft einmal von vielen Menschen benutzt würde, oder nicht. Damit konnte ich abschätzen, ob es Sinn machte, eine Erfindung weiterzuentwickeln und an den Markt zu bringen.

Außerdem konnte ich das Verhalten von Elementarteilchen betrachten und sehen, wie bestimmte Elemente sich zu Molekülen verbanden. Ich konnte direkt in meiner Wahrnehmung sehen, wie sich Luftmoleküle verhielten. Dies wurde nach einiger Zeit viel mehr als nur eine Vorstellung, sondern es wurde zu einer nachprüfbaren Wahrnehmung des atomaren und subatomaren Verhaltens von Materie oder Energiewellen. Wenn ich dadurch etwas Neues entdeckt hatte, sah ich auch mit großer Begeisterung in Fachjournalen, Büchern oder später im Internet nach, ob meine Beobachtungen von der bekannten physikalischen Forschung bestätigt wurden. Sehr oft lag ich damit richtig.

Die fliegende Frau

In den Forschungslabors der Universität untersuchten wir wissenschaftlich die Veränderungen, die sich durch Meditation und Siddhi-Praxis ergaben. Hauptsächlich waren das Gehirnwellen-Untersuchungen. Zusätzlich interessierte uns aber auch die Veränderung der Biochemie des Körpers und für spezielle Siddhis, zum Beispiel das Yoga-Fliegen, auch direkt der Bewegungsablauf des Körpers. Als das Yoga-Fliegen neu aufkam, hatten einige Forscher bereits große Gemüsewaagen besorgt und ließen Yogis darauf sitzen und wollten sehen, ob sich direkt eine Gewichtsveränderung zeigte. Das war keineswegs so eindeutig, denn die Waagen hatten eine hohe Trägheit und konnten einen schnellen Flugimpuls nicht wirklich richtig abbilden.

In dieser Zeit entwickelte ich selbst einige Instrumente, um geeignete Messungen durchzuführen. Dazu gehörte zum Beispiel ein Gürtel mit daran befestigten Beschleunigungssensoren, nebst der Auswertungselektronik. Dann auch noch ein Gerät, welches automatisch ein kleines bisschen Blut abnehmen konnte, während sich der fliegende Yogi schwerelos in der Luft befand. Wir vermuteten, dass sich die Blutchemie innerhalb von Sekunden ändern könnte.

Unsere fortgeschrittenste Methodik war aber immer noch die Gehirnwellen-Forschung, nur hatten wir dabei das Problem, dass jede Bewegung auch die Sensor-Elektroden bewegte, die auf den Kopf geklebt waren und dadurch erhebliche Meßstörungen entstanden. Somit war dieses System für die Gehirnwellen-Messungen beim Yoga-Fliegen ungeeignet, denn dabei entstanden intensive Bewegungen. Um diese Störungen zu beseitigen, entdeckte ich ein System, das die gemessenen Gehirnwellen drahtlos per Funk übertragen konnte. Leider konnten wir uns es aber nicht leisten, was wir später noch bereuen sollten, denn eines Tages kam eine ganz besondere Person in unser Labor.

Es gingen vorher schon Gerüchte um, dass diese Frau über längere Zeit richtig schweben konnte. Zu uns ins Labor kamen immer die Menschen mit den besten Erfahrungen und so kam sie auch im Juni 1978 zu uns, damit wir Gehirnwellen-Messungen durchführen konnten. Wir hatten zu dieser Zeit schon einen speziellen, schalldichten Raum eingerichtet, den wir an den Wänden mit Alufolie tapeziert hatten, damit keinerlei elektrische Felder die höchst empfindlichen Gehirnwellen-Messungen stören konnten. In dem isolierten Raum bekam die Versuchsperson nichts von der Messung mit, außer dass sie eben nur an diese Kabel angeschlossen war. Um mit ihr zu kommunizieren, hatten wir eine Gegensprechanlage. Um zu sehen, ob sie sich bewegte, auch eine Videokamera, deren Bild wir im Geräteraum auf einem Videorecorder aufzeichnen konnten.

Eine Assistentin hatte die Dame an die Elektronik angeschlossen. Das dauerte immer einige Zeit, denn jede Elektrode musste auch auf ihre gute Verbindung hin elektronisch gemessen und bei schlechtem Kontakt noch mal neu justiert werden. Inzwischen war es Abend und alle Labormitarbeiter außer Gerd und mir waren bereits zu ihrem abendlichen Meditationsprogramm gegangen.

Wir begannen mit den Messungen und informierten die Dame, dass sie ihr Siddhi-Programm beginnen könne. Das Raum-Video zeichneten wir während der ganzen Messung auf dem Videorecorder auf. Dies war unser normales Verfahren, um später Bewegungsstörungen auf dem EEG identifizieren zu können. Wir sagten ihr nichts davon, denn wir wollten sie nicht dadurch stören, dass sie sich darüber Gedanken machen müsste. So konnten wir am Videomonitor genau mitverfolgen, was mit der Versuchsperson passierte und zusätzlich hatten wir auch eine Aufzeichnung davon, wodurch wir es dokumentieren konnten.

Nun begann das Wunder! Zunächst einmal bewegte sie sich gar nicht so wie die anderen. Wir waren ja von unseren eigenen Übungen gewohnt, beim Yoga-Fliegen Hüpfer nach oben zu machen und wieder auf den Schaumstoffmatratzen aufzukommen. Das entwickelte sich dann bei uns in ein rhythmisches Auf und Ab mit einer gewissen Vorwärtsbewegung.

Bei unserer Versuchsperson war das ganz anders. Sie saß ruhig in einem bequemen Sessel und kam eine Zeit lang in immer tiefere Ruhe. Dabei machte sie keinerlei Bewegungen. Während sie noch saß, hatte sie dann eine Art von Zuckungen an den Schultern. Es sah fast so aus, als würde sie an unsichtbaren Fäden immer wieder ein klein wenig nach oben gezogen werden. Diese Zuckungen kamen etwa alle 5-10 Sekunden.

Tatsächlich waren da natürlich keine wirklichen Fäden. Gerd und ich waren uns völlig sicher, denn wir hatten den Versuchsraum ja selbst eingerichtet. Er war auch außerhalb der Arbeitszeiten immer abgesperrt, sodass niemand irgendwelche Vorrichtungen dieser Art dort hätte installieren können. Wir sahen den Raum auch jeden Tag und irgendwelche solchen Veränderungen wären uns natürlich sofort aufgefallen.

Allmählich kamen diese nach oben gerichteten Zuckungen bei unserer Versuchsperson immer häufiger und hielten auch länger an, das heißt es waren nicht mehr so sehr Zuckungen, sondern mehr ein stetiges nach oben Ziehen. Nun stand unsere Versuchsperson von ihrem Sessel auf und stand auf ihren Füßen vor dem Sessel. Diese unsichtbaren Fäden, die nach oben zogen, schienen nun nicht mehr nur an den Schultern anzusetzen, sondern auch an anderen Körperteilen. Sie wurde dann allmählich immer häufiger nach oben gezogen und auch immer stärker. Der ganze Vorgang erstreckte sich über etwa 10 Minuten.

Die Versuchsperson war so etwa um die 50 Jahre alt und keineswegs sportlich trainiert oder eine besondere Tänzerin oder Ballerina. Was aber nun passierte, hatten wir noch nie gesehen! Dieses Ziehen an ihrem Körper wurde intensiver, sodass sie allmählich hochging und nur noch ihre Zehen-spitzen den Boden berührten. Sie war barfuß, sodass wir die Zehen auf unserem Monitor sehen konnten. Nun bewegte sich der Körper fast so wie diese kleinen Papierschnitzel, wenn man einen elektrisch aufgeladenen Stab darüber hält. Sie werden nach oben gezogen und tanzen dabei so etwas hin und her.

So sah auch ihr Körper aus, denn dieses nach oben Ziehen war nicht völlig gleichmäßig, sondern manchmal etwas mehr links, manchmal etwas mehr rechts. Sie balancierte also minutenlang auf den Zehen ohne irgend-welche Hilfsmittel wie Ballettschuhe oder ähnliches. Für einen Moment, vielleicht eine halbe Minute lang, wurde sie so sehr nach oben gezogen, dass sie nur noch mit der Spitze des einen großen Zehs eine Berührung zum Boden hatte. Es war quasi nur noch so wie eine elektrische Verbindung von ihrem Zehennagel zum Untergrund.

Danach überkam sie wohl so etwas wie eine Angst abzustürzen und sie lehnte sich an die Wand in der Nähe und hielt diese Wand mit ihren beiden Armen und Händen, um irgendwie wieder eine feste Verbindung zu spüren. Leider hatte genau das eine enorm störende Wirkung auf unsere Gehirn-wellen-Messungen, denn der Kontakt zu den mit Alufolie isolierten Wänden brachte eine Erdungs-Verbindung, welche die empfindlichen Gehirnwellen-

Die fliegende Frau

Messungen völlig störte. Leider konnten wir die Gehirnwellen dann nicht mehr brauchen, da wir eben nicht dieses teure drahtlose EEG-System hatten. Für die Wissenschaft hatten wir aber zumindest eine Aufzeichnung des Bewegungsvorgangs auf dem Videoband.

Nachdem die Messungen beendet waren und wir die Versuchsperson wieder von den Kabeln befreit und verabschiedet hatten, schauten sich Gerd und ich dieses Video noch mehrmals an und dabei natürlich besonders oft die Abschnitte, wo sie nur auf dem einen Zehennagel balancierte. Für uns war das der erste wissenschaftliche Beweis, dass das Yoga-Fliegen wirklich funktionierte. Sie hatte die Schwerkraft so weit aufgehoben, dass ihr Körper völlig leicht wurde.

Gerd und ich waren fasziniert. Wir hatten zum ersten Mal die Macht des Bewusstseins in Perfektion gesehen. Seit dieser Zeit wussten wir, dass das Yoga-Fliegen tatsächlich möglich war. Entsprechend intensiv betrieben wir dann auch selbst unsere weiteren Siddhi-Übungen. Dann überlegten wir uns, was wir wohl nun mit der Videoaufzeichnung anstellen sollten. Wir beschlossen, diese am nächsten Tag allen unseren Kollegen in der Forschungsabteilung zu zeigen.

Etwa zehn unserer wissenschaftlichen Kollegen kamen, um das Video anzuschauen. Ihre Reaktionen haben mich wirklich erschüttert. Da war nichts mehr zu spüren von nüchterner, wissenschaftlicher Forschung. Es kochten nur noch die Emotionen hoch. Einer lief laut schreiend zur Tür hinaus und schrie, dass dies doch keine wissenschaftliche Forschung sei. Andere, die ich als eher ruhige Menschen kannte, sahen sich das Video auch an und sagten gar nichts dazu und es schien ihnen fast peinlich zu sein. Andere hielten es eher mit solchen Sprüchen wie, einmal ist keinmal, und diskreditierten auf diese Weise unsere Beobachtungen. Über all diese Reaktionen war ich deswegen so schockiert, weil ich vorher angenommen hatte, dass wir hier mit echten Wissenschaftlern zusammenarbeiten, die die Effekte von Meditation und Siddhis ernsthaft erforschen wollten. Nun rannten sie wild auseinander wie ein Haufen aufgeschreckter Kindergartenkinder. Keiner von ihnen wollte diese Forschung fortsetzen.

Aber auch mich ließ die Beobachtung des Yoga-Fliegens nicht kalt. Ich war schon immer jemand, der seinen eigenen Sinneserfahrungen traute.

Für mich war es also eindeutig, dass wir es hier mit einem ganz besonderen Phänomen zu tun hatten. Ich kannte die Versuchsperson schon von früher und nun setzte bei mir drei Tage lang eine heftige Stresslösung ein, die manchmal so intensiv wurde, dass mir immer wieder Bilder aus dem finstersten Mittelalter durch den Kopf schossen. War diese Frau überhaupt noch ein Mensch? Allmählich beruhigten sich dann meine Stresslösungen und ich konnte wieder normaler mit der Situation umgehen.

Tatsache war, dass wir eine echte Aufhebung der Schwerkraft beobachtet hatten. Das Yoga-Fliegen funktionierte also und Gerd und ich wurden zu einigen der intensivsten Praktizierenden dieser Siddhi-Methode. Leider hat es bei uns trotz jahrzehntelanger Übung niemals so funktioniert. Wir kamen also niemals aus dem ersten Stadium heraus, das immer nur so wie ein Froschhüpfen aussah.

Wir bewahrten strengstes Stillschweigen über unsere Beobachtungen. Das waren wir unseren Versuchspersonen natürlich schuldig. Niemand hat jemals den Namen der Versuchsperson weitergegeben. Da aber keiner der Kollegen an der weiteren wissenschaftlichen Erforschung des Phänomens interessiert war, beschlossen Gerd und ich, die Sache aufzugeben, denn wir waren damals nur die technischen Laborleiter und konnten keine Entscheidungen über die grundsätzliche Ausrichtung der Forschung treffen. Das Videoband übergaben wir dann dem Chef der Videobibliothek und baten ihn, es sorgfältig aufzubewahren. Vielleicht wären ja später irgendwann einmal irgendwelche Forscher daran interessiert. Damit war dieses Kapitel für uns abgeschlossen.

Meine geheimen Siddhi Übungen mit dem Yogi

Die Entdeckung früherer Leben

Als wir mit unserem Forschungslabor 1977 umgezogen waren, konnte ich auch regelmäßig an den abendlichen Treffen mit dem Yogi teilnehmen.

Ich traf ihn zum ersten Mal wieder nach meiner Meditationslehrer-Ausbildung und hatte einen grandiosen Einstieg bei ihm, welcher meinen Verstand völlig überforderte und mich später noch jahrelang beschäftigen sollte. Ich bemerkte nämlich in den ersten Tagen in dieser großen Halle, dass er immer zu einem Seiteneingang hereinkam und dann langsam zur zentralen Bühne ging. Diese Gelegenheit benutzten viele, um sich am Gang zu versammeln und ihm einige Blumen zu geben. Er sammelte die Blumen ein, nahm sie mit sich auf die Bühne und legte sie auf seinen Tisch.

Da dachte sich doch Heinz, das kann ich auch, besorgte einige Blumen und stand eines abends auch da, um sie dem Yogi zu überreichen. Dieser nahm die Blumen aus meiner Hand und sagte, „come" und lief einfach weiter und ich folgte ihm ohne auch nur einmal darüber nachzudenken, ging hinter ihm und er sprach weiter, „and sit here", und deutete auf einen einzelnen Stuhl vor seiner Couch auf der etwas erhöhten Bühne, und sprach weiter, „and tell them your knowledge." Er sagte mir also, dass ich mit ihm kommen sollte, Platz nehmen sollte und seinen Leuten mein Wissen erzählen sollte. Er setzte sich dann auf seine Couch und begann zu sprechen.

An diesem Abend saß ich alleine in dem Stuhl vor ihm auf der Bühne und er lud jetzt niemanden mehr ein, mit ihm auf der Bühne zu sitzen. Das war ganz ungewöhnlich, denn sonst gab es dort meistens eine Art Podiumsdiskussion, bei der alle im Saal zuhörten. Er hatte wohl etwas anderes vor. Er wollte mich, den Neuling, seinen etablierten Mitarbeitern vorstellen. Der Saal füllte sich allmählich. Viele Leute kamen herein, vor denen ich großen Respekt hatte und die ich schon für enorm erleuchtet hielt. Sie nahmen auf den etwa 200 Sitzen Platz, dem Yogi und mir zugewendet. Sie begutachteten mich natürlich und fragten sich, was da wohl los sei?

Ich saß wie versteinert da und wusste beim besten Willen nicht, was ich sagen sollte. Mein Herz schlug in meinem Hals und ich brachte kein Wort heraus. Der Yogi erkannte das wohl und sprach nur selber die ganze Zeit und verließ die Bühne wieder recht früh am Abend. So war ich wirklich heilfroh, dass ich nichts sagen musste. Ich brauchte noch etliche Jahre, um zu verstehen, was hier passiert war. Es war für mich wie eine Initiation in eine besondere Siddhi-Technik, in eine Methode, frühere Leben zu erkunden.

Kapitel 4 - Die erste bewusste Bekanntschaft mit der Macht meines Bewusstseins

In den darauffolgenden Tagen überlegte ich mir immer wieder, was ich da wohl hätte sagen sollen. Was war eigentlich mein spezielles Wissen, von dem der Yogi sprach? Im Publikum saßen ja erleuchtete Menschen und Experten in vielen Fachgebieten. Was war denn mein besonderes Wissen, das für sie nützlich gewesen wäre? Ohne Grund hätte mich der Yogi nicht aufgefordert, zu seinen Leuten zu sprechen.

Der Gedanke ließ mich nicht los und führte zu einer intensiven Selbsterforschung. Ich wollte dieses spezielle Wissen irgendwie erst einmal selbst entdecken. Schließlich wurde mir immer klarer, dass er sich auf eines oder mehrere frühere Leben von mir bezogen hatte. Nach vielen Jahren dieser Forschungsreise in meine früheren Leben ist mir heute klar, dass ich den Yogi auch früher schon gekannt hatte. Er hatte das wohl von Anfang an gewusst, aber ich musste es erst noch entdecken.

So war dieser einfache Hinweis von ihm der Beginn einer Entdeckungsreise in mir selbst und in meine früheren Leben. Diese Entdeckungsreise begann mit einigen der letzten Leben und ging immer weiter über Jahrhunderte und Jahrtausende zurück und inzwischen ist mir klar, dass wir uns schon in der alten Vedischen Kultur begegnet waren und auch schon davor in Atlantis. Wer sich für Einzelheiten interessiert, kann einige dieser Erfahrungsberichte in meinem Buch ‚Gehirnsoftware‘, finden.

Damit hatte mich der Yogi mit einem einzigen Satz in eine besondere Siddhi-Methode instruiert. Er hatte diesen Aspekt der Macht des Bewusstseins in mir geweckt, mit dem es möglich ist, das Wissen früherer Leben zu bekommen. Dieses Wissen kam zu mir einfach nur als klare Erinnerungen. Während unserer weiteren Treffen gab mir der Yogi auch immer noch weitere Hinweise und Bestätigungen bezüglich dieser früheren Leben. Manchmal waren dies Gesten oder Fragen, die mich dermaßen überraschten, dass ich einfach nur staunend da saß.

So war es für mich, den Neuling und auch einem der Jüngsten in dem auserwählten Kreis um den Yogi, völlig erstaunlich als er mich bei einem Treffen mit etwa 50 Leuten mehrmals nacheinander etwas fragte. Er wollte wissen, ob ich mit dem, was er gerade gesagt hatte, einverstanden sei. Zuerst dachte ich, er will sich jetzt über mich lustig machen. Aber nein, er erwartete eine Antwort. Er wollte wirklich wissen, ob ich mit seiner

Aussage einverstanden sei. Ich bekam rote Ohren und war schüchtern und fast entsetzt, wie er so etwas fragen konnte. Natürlich sagte ich ja, und um es noch zu bekräftigen, ja ich bin mit allem einverstanden, was du sagst. Das Spiel wiederholte er noch zweimal und er fragte mich wieder, ob ich einverstanden sei mit dem was er gerade gesagt hatte. Es war aber auch nicht so, dass ich irgendwelche Gedanken hätte, die seinen Aussagen widersprachen. Ich konnte also immer nur, ja selbstverständlich, sagen.

Es dauerte viele Jahre, bis ich verstand, was er mir damit mitgeteilt hatte. Er bezog sich auf ein früheres Leben von mir und von ihm, in dem wir uns schon begegnet waren und von dem ich erst viele Jahre später Erinnerungen bekam. In dieser früheren Zeit war es für ihn normal, diese Frage an mich zu richten, denn ich war in einer Position, in der man mich um mein Einverständnis gefragt hätte. Auch schon in diesen früheren Leben waren wir immer sehr wohlwollend zueinander.

Allmählich wurde mir auch klar, dass ich bei weitem nicht der einzige war, mit dem der Yogi diese geheimen Siddhi-Übungen durchführte. Wenn er zum Beispiel gelegentlich bei einer Geburtstagsfeier für jemanden eine Kerze auf dem Kuchen anzündete, ließ er es sich manchmal nicht nehmen, mit einer kurzen Bemerkung auf ein früheres Leben des Geburtstagskindes hinzuweisen.

Diejenigen, die ihn in unserer Gruppe von 200 Leuten auf seinen Weltreisen begleiten durften, wurden alle von ihm sorgfältig ausgewählt. Auch viele meiner Kollegen berichteten mir von ihren früheren Leben. Der Yogi hatte es geschafft, in wenigen Jahren viele Menschen aus allen Nationen um sich zu scharen, die schon seit Jahrhunderten und Jahrtausenden die Geschicke der Menschheit prägten. Darunter waren bedeutende Künstler, Bildhauer, Maler, Musiker, Designer, Dichter, Religionsführer, Philosophen, Wissenschaftler, Ärzte, Minister, Generäle, Staatspräsidenten, Könige und Königinnen, Kaiser und Kaiserinnen früherer Epochen. Er hatte es geschafft, sie alle gemeinsam für sein großes Projekt des Weltfriedens und eines besseren Zeitalters für die ganze Menschheit zu begeistern. Wir alle arbeiteten mit viel Liebe und Hingabe intensiv an diesem gemeinsamen Projekt.

Kapitel 4 - Die erste bewusste Bekanntschaft mit der Macht meines Bewusstseins

Telepathie-Übungen

Schon bevor ich den Yogi das erste Mal traf, hatte ich von Gerüchten gehört, dass er perfekt Gedanken lesen konnte. Auf einigen der älteren Videoaufzeichnungen gab es nur ein Mikrofon im Publikum und seine Schüler stellten sich in einer Reihe auf, um dorthin zu kommen und ihre Fragen zu stellen. Nach und nach beantwortete er ihre Fragen und es gingen allmählich immer mehr aus dieser Warteschlange heraus und wieder zu ihren Sitzen zurück, noch bevor sie ihre Fragen gestellt hatten. Als sie dann jemand fragte, wieso sie das machten, sagten sie, der Yogi hätte ihre Fragen bereits beantwortet. Manchmal kam auch jemand ans Mikrofon und sagte dem Yogi, er hätte seine Frage jetzt schon beantwortet. Dieses Phänomen passierte recht häufig und ich hatte es selbst auf einigen Videos bemerkt.

Oft kam es auch vor, dass der Yogi bei einem Vortrag saß und redete, während einer seiner indischen Privatsekretäre hereinkam, mit einem Stapel von Papieren in der Hand und sich auf einen Sessel neben den Yogi setzte. Der Sekretär ging dann ein Blatt nach dem anderen durch, sah es sich eine zeitlang genau an und las den Text darauf leise für sich. Dann machte er eine Pause, schaute zum Yogi, dieser machte manchmal auch eine Pause in seiner Rede, und der Sekretär notierte etwas auf dem jeweiligen Blatt.

Allmählich wurde mir klar, wie der Sekretär hier im ursprünglichen Sinne des Wortes ein Geheimnisträger war. Der Yogi hatte den zehntausenden von Meditationslehrern, die er persönlich ausgebildet hatte, gestattet, dass sie ihm bei wichtigen Dingen auch persönlich einen Brief senden konnten. Die Blätter, die der Sekretär in den Händen hielt und durcharbeitete, waren solche Briefe, manchmal handgeschrieben, manchmal mit Schreibmaschine. Sie wurden tatsächlich auf diese wundersame Weise vom Yogi selbst beantwortet. Einige der indischen Sekretäre waren also in der Lage, die Gedanken des Yogis wahrzunehmen und entsprechend darauf zu reagieren.

Nach einiger Zeit beobachtete ich, dass in unseren abendlichen Treffen auch immer wieder eine telepathische Kommunikation zwischen dem Yogi und einigen der Zuhörer stattfand. Dieses Phänomen interessierte mich total. Ich beobachtete, dass manche Interaktionen, die zwar scheinbar einen oberflächlichen Grund hatten, wie die optimale Farbe für die Gestaltung von

Büchern oder anderen Druckschriften zu finden, gleichzeitig auch ein Telepathie-Training waren. Der Yogi fragte alle, welche Farbe könnten wir hierfür nehmen und es kamen verschiedenste Vorschläge aus dem Publikum und er fand immer wieder Gründe, warum diese oder jene Farbe noch nicht die Richtige sei. Es wurde mir dann allmählich klar, dass er eigentlich schon die Farbe ausgewählt hatte und das Spiel jetzt darin bestand, seine Farbe telepathisch zu erraten. So erfand er immer wieder neue, faszinierende Weisen, die Telepathie mit einigen seiner Studenten zu trainieren, während die anderen nur die gesprochenen Worte hörten.

Der Witz bei diesem Telepathie-Übungen war, dass niemals darüber gesprochen wurde und dass nur diejenigen, die dafür aufgeschlossen waren, diese Übungen überhaupt erkennen konnten. Mir wurde es nach einiger Zeit klar und ich wollte das natürlich auch lernen. Ich saß also jeden Abend bei den gemeinsamen Treffen in diesem Saal mit etwa 200 Leuten und folgte aufmerksam den Reden des Yogis. Es war mir auch klar, dass er meine Gedanken bereits lesen konnte, nur ich musste noch lernen, seine Gedanken zu lesen. Also saß ich da und vertiefte mich immer mehr in die Sprache des Yogis mit der Absicht, seine Gedanken zu erraten, bevor er sie ausgesprochen hatte. Nach einigen Monaten gelang es mir immer besser. Andere waren damit beschäftigt, die Reden des Yogis in ihren Notizen fest-zuhalten. Für solche Späßchen hatte ich keine Zeit, denn ich hatte ja etwas Besseres zu tun, nämlich die Telepathie zu lernen.

Es dauerte nicht lang, bis dem Yogi auffiel, dass da wieder ein junger Mann in seinem Publikum saß, der die Telepathie lernen wollte. Solche geheimen Siddhi-Übungen unterstützte er immer nach Kräften. Seine Re-den konnte man sowohl allgemein, als auch individuell interpretieren. Das heißt, während er allgemein über eine Sache redete, waren da auch indivi-duelle Botschaften für einzelne Leute im Publikum dabei. Ebenso war es mit seiner Gestik. Ich bemerkte, dass er jetzt auch mir immer öfters Gesten zeigte, die genau für mich bestimmt waren und die weitere Hinweise zur Verbesserung der Telepathie enthielten. So entstand eine immer intensi-vere, nicht-verbale Kommunikation zwischen uns.

Das klappte soweit ganz gut. Nun kam die nächste Phase. Er testete, wie sicher ich mir war, ihn telepathisch auch richtig verstanden zu haben. Normalerweise konnte ich seine Gedanken schon hören, bevor er sie aussprach, aber nun stockte er manchmal, sah mich grinsend an und sagte stattdessen nach einer kurzen Pause etwas ganz anderes. Das verwirrte mich zunächst, bis ich erkannte, dass er natürlich auch das Recht hatte, seine Gedanken noch mal zu ändern, bevor er sie aussprach.

Das Schöne bei den Telepathie-Übungen mit einem erleuchteten Yogi war natürlich diese subtile Beziehung zu ihm, die immer intensiver wurde und die er mit immer mehr Wohlwollen belohnte. In der nächsten Phase kamen dann auch Übungen, um mit ihm in einem anderen Raum kommunizieren zu können, um auch ohne Blickkontakt telepathisch mit ihm kommunizieren zu können. In meinen Projekten, die ich während des Tages für ihn ausführte, gab es immer wieder solche Gelegenheiten. Schließlich sandte er mich sogar mit Flugzeugen auf irgendwelche Reisen, ohne vorher die vollständigen Informationen zu geben, was zu tun war, um dann meine Fähigkeit der Telepathie über tausende Kilometer hinweg mit ihm zu trainieren. So wurde mir während solcher Projekte erst in diesen jeweiligen Momenten klar, was ich dabei für den Yogi tun sollte.

Da niemals auf irgendwelchen Vorträgen oder privat über die Telepathie gesprochen wurde, hatte ich natürlich auch mal Zeiten, in denen ich mir überlegte, ob ich mir das alles nur einbildete. Auch das erkannte der Yogi und bestärkte mich dann wieder, die Telepathie als real anzunehmen.

So erinnere ich mich an eine Situation in Indien. Es war im Jahr 1988. Der Yogi hatte mich nach Indien eingeladen, um mit ihm über meine technischen Projekte zu sprechen. Ich hatte kurz zuvor öfters Kontakt zu Max, einem genialen Ingenieur, der in einem deutschen Unternehmen neue Satellitenempfänger entwickelte. Er verstand die Modellierung elektromagnetischer Felder in seinen Satellitenempfängern mit der Genialität des berühmten James Clerk Maxwell, dem Entdecker des Elektromagnetismus. Max war einer der ersten Studenten des Yogis gewesen und hatte jedoch schon viele Jahre lang keinen Kontakt mehr zu ihm. Er war ein richtiges Urgestein. Mit solchen Menschen verstand ich mich immer besonders gut.

Ich war also in Indien in einem kleineren Treffen im Haus des Yogis und war in dieser kleinen Gruppe der Einzige, der sich mit moderner Technologie auskannte. Das Treffen war eigentlich schon zu Ende und fast alle verließen den Raum, bis auf mich, seinen Privatsekretär und einen anderen seiner engsten Vertrauten. Dieser Vertraute trat vor zum Yogi und begann, mit ihm über ein weltweites Satellitenprojekt zu sprechen. Gleichzeitig bemerkte ich auch, dass er dieses Gespräch am liebsten ganz vertraulich führen wollte. Der Yogi sagte mir dann, ich solle jetzt rausgehen und im Nebenraum warten.

Das fand ich ganz ungerecht, denn es war ja ein Thema, mit dem ich mich auskannte und warum sollte ich jetzt gerade den Raum verlassen? Ich befolgte dennoch die Anweisung, jedoch etwas widerwillig, und ging langsam, weiter dem Yogi zugewandt, zur Tür. Dabei dachte ich mir dann noch, diese Leute die sich nicht auskennen, besprechen andauernd all diese wichtigen Sachen, und echte Experten, wie zum Beispiel mein Freund Max kommen gar nicht zu Wort.

Diesen Gedanken hatte der Yogi gehört und wandte sich mir nochmal zu, während ich schon fast in der Tür stand. Er rief mir über den ganzen Raum zu: „Wie geht es Max?" Alle Anwesenden waren völlig überrascht, mich eingeschlossen. Seit vielen Jahren hatte niemand mehr über Max gesprochen. Dann sagte der Yogi: „Ich habe deine Gedanken gelesen." Das war die verbale Bestätigung, die ich gebraucht hatte. Das Gedankenlesen war tatsächlich ein echtes Phänomen.

Ich beschrieb ihm kurz, dass Max gerade für ein großes deutsches Unternehmen einen Satellitenempfänger entwickelt hatte. Der Yogi inspirierte mich, Max zu ihm nach Indien einzuladen. Max kam einige Tage später und ich holte ihn vom Flughafen in Delhi ab. Auf dem Weg besorgte er sich noch einen Strauß roter Rosen, die für den Yogi bestimmt waren. Kurz vor dem ersten Treffen mit dem Yogi bat mich Max, ihm doch schnell zu helfen, diese unglaublich vielen Dornen von den Rosen abzumachen. Wir wussten beide, dass der Yogi Rosen mit Dornen nicht entgegennahm, sondern einfach nur auf den Boden fallen ließ. So hatte ich meinen Spaß mit Max und sagte ihm, jeder Dorn, den wir jetzt beseitigen, steht für einen Monat, den du nicht beim Yogi verbracht hast. Jetzt bringst du dieses schlechte Karma wieder in Ordnung. Darüber konnten wir beide herzlich lachen.

Seitdem hatte ich immer mal wieder intensivere Phasen, in denen ich die Telepathie mit dem Yogi übte. Es klappte auch ganz gut, selbst wenn ich ihn telefonisch schon länger nicht gesprochen hatte. Er hatte so etwas wie einen Erkennungston für mich. Es hörte sich an, wie der satte Klang einer großen Glocke, die er einmal von einem bedeutenden buddhistischen Kloster aus Thailand geschenkt bekommen hatte. Er liebte es, diese Glocke zu feierlichen Gelegenheiten anzuschlagen und ich fand den Klang auch besonders meditativ. Mit genau diesem Klang meldete sich der Yogi dann immer in meinem Bewusstsein, wenn er mir telepathisch etwas mitteilen wollte.

Zeitweise kam er telepathisch jeden Tag zu einer bestimmten Uhrzeit bei mir durch, um mich zuversichtlicher zu machen, dass diese Telepathie auch wirklich richtig funktioniert.

Etliche Jahre später, als ich schon lange nicht mehr direkt in den Diensten des Yogis stand, sondern meine eigenen Projekte weiterentwickelte, traf ich in England zwei Personen, die sich auch telepathisch mit dem Yogi unterhalten konnten. Dies war noch einmal eine gute Bestätigung für uns alle drei, denn unsere telepathische Kommunikation mit dem Yogi ergänzte sich auf eine wunderbare Weise.

An dem Tag, als der Yogi seinen Körper auf der Erde zurückließ, erfuhr ich durch mein Netzwerk meditierender Freunde innerhalb von wenigen Stunden davon. Ich setze mich sofort hin, meditierte und hatte ein Bedürfnis, mit dem Yogi zu kommunizieren. Es funktionierte genauso wie früher. Da war nicht der geringste Unterschied im Vergleich zu vorher, als er noch einen Körper hatte.

Ich entdeckte ihn in einer großen himmlischen Halle, in der er symmetrisch in der Mitte saß, während links und rechts, wie in einem weiten Flur, Reihen von Beratern oder Vertrauten saßen. Ich wollte ihn da nicht stören und wollte irgendwie nur durch einen Seiteneingang ein bisschen zuschauen. Das bemerkte er sofort und ließ für mich die zwei großen Haupttüren öffnen. So durfte ich direkt als willkommener Gast durch den Haupteingang zu ihm gehen. Er hatte gerade ein köstliches Mahl, das er in der traditionellen indischen Weise mit der rechten Hand zu sich nahm und dabei genüsslich schmatzte. So zeigte er mir, dass es ihm jetzt wirklich gut ging und dass er auch wieder gut essen konnte, was in seinen letzten Jahren auf der Erde mit seinem greisen Körper wohl nicht mehr so gut geklappt hatte.

Auch sagte er mir unmissverständlich: „Heinz wir werden uns wieder sehen!" Intuitiv war mir klar, dass ich nicht zu ihm in diesen Himmel kommen würde, sondern dass er noch zu meinen Lebzeiten wieder auf der Erde erscheinen würde. Diese Nachricht hat meine Trauer sofort besänftigt und ich hatte keinerlei Bedürfnis, in den kommenden Tagen an irgendwelchen Bestattungsritualen teilzunehmen. Ich hatte auf wunderbare Weise bereits Abschied von ihm genommen, aber nicht einmal das war nötig. Eigentlich hatte ich einfach nur weiter mit ihm kommuniziert. Auch heute freue ich mich immer noch auf ein zukünftiges Wiedersehen.

5

Technische Projekte beim Yogi

Das Elektroniklabor

Während meiner 14 Jahre beim Yogi nutzte er immer wieder meine speziellen technischen und wissenschaftlichen Fähigkeiten. Mir machte es Freude, mich auf diese Art für ihn nützlich zu machen. Meine technischen Anfänge im Gehirnwellen-Labor habe ich vorher schon beschrieben. Ich hatte mir dort einen gewissen Ruf erworben, dass ich auch komplizierte Computer reparieren konnte. Nach und nach wurden meine Fähigkeiten immer besser, denn ich konnte mithilfe der Siddhis immer schneller entdecken, wo die Fehler waren. Solche Fehler zu finden, ist das Aufwändigste bei einer Elektronik-Reparatur, das Austauschen der Teile hingegen ist einfach.

Schließlich wurde ich mit meinen Siddhis so gut, dass ich in eine kaputte Maschine mit meinem Bewusstsein hineinschauen konnte und sich bereits dadurch manche Fehler verflüchtigten. So kam es immer wieder vor, dass ich zu einer Reparatur gerufen wurde, dann in den Raum hineinkam und die Maschine bereits einwandfrei funktionierte. Das war zwar ein schönes Spiel, aber irgendwie wurde mir das ganze Reparieren etwas langweilig. Ich dachte immer wieder, warum haben diese Elektronikentwickler ihre Maschinen so fehleranfällig gebaut?

So sehnte ich mich mehr danach, neue elektronische Geräte und Maschinen selbst zu entwickeln. Dieser Traum wurde dann auch bald Realität. Zum Jahresende 1978 begann der Yogi, weltweit Industrieprojekte ins Leben zu rufen, sodass Gruppen von Meditierenden eine permanente Einkommensquelle zur Verfügung hätten und dennoch viele Stunden des Tages auch ihr Meditationsprogramm üben könnten.

Mein Freund Gerd und ich empfahlen uns dem Yogi als Elektronikexperten und das war der Beginn unseres Elektroniklabors. Bald kamen etwa zehn weitere Ingenieure und Wissenschaftler dazu und im Nu waren wir damit beschäftigt, ein Elektronik-Entwicklungs-Labor für Dünnschicht-Hybridtechnik aufzubauen. Das ist eine Technologie, um Elektronik für Extrembedingungen herzustellen, zum Beispiel für den fehlenden Luftdruck, die hohen Temperaturschwankungen und die Ausfallsicherheit in Satelliten im Weltall.

Dazu bedurfte es komplexer Maschinen, die wir nach und nach besorgten und in Betrieb nahmen. Auch nahmen wir an speziellen Ausbildungen in verschiedenen Städten Europas teil, um diese Technologie selbst zu beherrschen. Wir besuchten Ausstellungen, Konferenzen und auch Maschinenhersteller, um die teuren Maschinen gründlich zu begutachten, bevor wir sie einkauften.

Eines unserer Hauptziele war, die bis dahin noch recht komplexe EEG-Technologie tragbar zu machen. Damit wurden die Gehirnwellen gemessen und ausgewertet. Bisher hatten wir dazu einen Mini-Computer, so groß wie einen Kleiderschrank und ein ebenso großes EEG-Gerät. Beide waren so schwer, dass sie nur mit einem Möbelwagen transportiert werden konnten. Nun wollten wir das Ganze tragbar auf die Größe eines Aktenkoffers bringen.

Es war eine sehr inspirierende Zeit, in der wir stundenlang mit dem Yogi in unserer kleinen Elektroniker-Gruppe fachsimpeln durften. Er hatte ja selbst Physik studiert, bevor er zu seinem Vedischen Lehrer kam. Er konnte auch die komplexesten Zusammenhänge in der Elektronik gut nachvollziehen. Er inspirierte uns zu allen möglichen Erfindungen, manchmal sogar zu unmöglichen, wie wir damals noch dachten.

Einmal wollte er uns inspirieren, ein elektrisches Auto zu bauen, das den Strom aus dem Fahrtwind wieder zurückgewinnen würde. Als wir Elektroniker ihn dafür belächelten und wir ihm stattdessen den Energieerhaltungssatz erklären wollten, wurde er etwas wütend, was eher selten vorkam. Er ließ einfach nicht ab von seinem Konzept, dass es möglich sein müsste, Energie aus dem Nichts zu schaffen.

Heute denke ich, dass wir eine große Chance verpasst hatten, um an ein neues Wissen zu kommen. Geprägt durch unser Schul- und Universitäts-Wissen wollten wir damals nicht abrücken von diesem heiligsten Dogma der Physik, dem Energieerhaltungssatz. Aber statt uns dafür zu tadeln, wechselte der Yogi das Thema und sprach mit einigen Einkäufern über die Möglichkeit, Autoreifen herzustellen. Das fanden wir Elektroniker völlig unkreativ und deutlicher hätte er uns nicht sagen können, dass er an diesem Tag nichts weiter von uns hören wollte.

Das Elektroniklabor

Manchmal hatte der Yogi schon wirklich exotische Ideen. Am Anfang unseres Elektronik-Labors wollte er uns inspirieren, selbst Siliziumchips herzustellen. Ich war heilfroh, dass ich ihm diese Idee noch ausreden konnte, denn es wäre ein finanzielles Fiasko geworden. Auch damals kostete eine Fabrik, um Siliziumchips herzustellen, schon über $1 Milliarde. Wir waren der Meinung, dass er sein Geld besser investieren sollte, um der Welt Meditation zu lehren. Davon wollte er zunächst nichts wissen und meinte stattdessen, wir sollten in der Lage sein, alles selbst herzustellen. Schließlich hatte er es sich dann doch noch anders überlegt und ging auf den Kompromissvorschlag von Gerd ein, in die wesentlich billigere Dünn-schicht-Hybridtechnologie zu investieren. Das war die Technologie, mit der Satelliten hergestellt wurden. Aufgrund dieser Aussage fand er das Projekt dann wertvoll genug, um damit zu beginnen.

Nach zweieinhalb Jahren Entwicklungszeit hatten wir mehrere Ziele erreicht. Zum einen hatten wir ein CAD-System, mit dem wir Dünnschicht-hybride per Computer designen konnten. Zum anderen hatten wir einen funktionierenden Kleincomputer mit einer neuen 3D-Technik, die ich er-funden hatte. Ein großer Computer- und Chiphersteller erfand die gleiche Sache nach zehn Jahren noch einmal. Weitere drei Monate später hatten wir unser tragbares Gehirnwellen-Messgerät im Aktenkoffer fertiggestellt. Wir testeten und verbesserten unser tragbares EEG-Gerät noch für eineinhalb Jahre. Im Mai 1983 funktionierte es dann perfekt.

Zusätzlich hatte ich auch noch eine ganz neue Form von Kohärenz entdeckt, welche ich die ,Balancierte Kohärenz' nannte. Ich erinnere mich noch gut, als ich diese neue Entdeckung dem Yogi vorstellte. Er war davon völlig begeistert, denn es war zum ersten Mal, dass jemand nicht zwei, sondern drei Kanäle in den Gehirnwellen miteinander verglich. Er erklärte mir bei einem vertraulichen Gespräch in seinem Wohnzimmer, welche große Bedeutung diese Entdeckung in Bezug auf die Veden hatte. Von da ab benutzte der Yogi immer wieder den Begriff ,Drei-in-Eins,' um die wesentliche Struktur des Veda zu erklären. Außerdem offenbarte er mir, wie ich auf dieser Basis eine Vedische Maschine bauen könnte, mit der alle möglichen Effekte in der Welt erreicht werden könnten.

Kapitel 5 - Technische Projekte beim Yogi

Ich hatte das neue Phänomen erst wenige Tage vorher entdeckt und wir konnten es noch gar nicht ausführlich testen. Meine Kollegen aus dem Elektroniklabor dachten zunächst, dass es ein Messfehler sei. Das untersuchte ich etwas genauer und kam zu dem Schluss, dass wir hier ein ganz neues Phänomen in den Gehirnwellen entdeckt hatten. Prinzipiell ermöglichte es uns, sehr exakte Messungen der Gehirnwellen vorzunehmen. Das war zwar für den Yogi gut genug, aber für einige Wissenschafts-Kollegen noch nicht. Ich durfte die neue Messmethode bei einer Schiffsfahrt direkt neben dem Yogi diesen Kollegen erklären. Ja, da war wohl wieder etwas Neid im Spiel, aber die neue Kreation wurde sofort zerredet und sie wurde zu den Akten gelegt. Wir bekamen dann keine Möglichkeit, diese neue Kohärenz-Messmethode weiter zu erforschen oder den mobilen EEG-Aktenkoffer für Messungen unterwegs einzusetzen. Dafür war er ja eigentlich gedacht.

Und so passierte es beim Yogi sehr oft, dass technische Projekte oder auch andere Projekte mit großem Eifer vorangetrieben wurden, um sie zum Schluss einfach wieder aufzugeben, zu den Akten zu legen oder in den Keller eines unserer Hotels in der Schweiz zu bringen, wo sie dann verstaubten. Der ganze Keller war voll mit solchen Projekten, die nicht mehr gebraucht wurden.

Die Sache erinnerte mich etwas an diese buddhistischen Mandalas aus buntem Sand, welche von den Schülern in monatelanger Arbeit sorgfältigst hergestellt werden und sobald sie fertig sind, mit einem Streich vom Abt des Klosters einfach wieder weggewischt werden.

Genauso erging es mir unzählige Male bei Projekten für den Yogi. Dies hatte zwar den positiven Effekt, dass seine Schüler keinen Stolz auf ihre Ergebnisse entwickelten. Es hatte aber auch den negativen Effekt, dass der Yogi mit seinen Projekten nicht so richtig voran kam und bei seinen Projekten wurde nicht nur bunter Sand weggewischt, sondern wesentlich größere Investitionen. Die Elektronikabteilung hat er dann so schrittweise aufgelöst.

Konzept des Themenparks

Ab Ende 1983 war der Yogi für etwa ein Jahr in den USA und ich durfte ihn begleiten. Im Winter, während der Weihnachtsferien, organisierte er die größte Versammlung von Meditierenden, die ich je erlebt hatte. 7000 Leute, die an einem Platz meditierten, das war eine Power! Zwei Monate danach trafen sich nochmals etwa 3000 an der Universität des Yogis, um gemeinsam zu meditieren und Siddhis zu üben. Wieder war der Effekt enorm stark und ich fühlte mich zeitweise wie im Himmel auf Erden. Wir waren in einer Ackerbaugegend, in einer der Kornkammern der USA. Sogar der ganze Schlamm, der sich mit dem abtauenden Schnee überall bildete, störte mich nach einiger Zeit nicht mehr. Die herrliche kosmische Erfahrung in meinem Bewusstsein überlagerte alles und ich schwebte tagelang wie auf Wolken.

Danach reiste ich für drei Monate wieder zurück nach Deutschland und schloss mich einer kleinen Gruppe von jungen Männern an, mit dem Ziel, einen ähnlich großen Kurs auch in Deutschland zu organisieren. Wir waren vier Freunde und durften bei wohlhabenden und sehr wohlwollenden Gastgebern residieren. Unser Ziel war es, bis Ostern einen weiteren Kurs mit 7000 Teilnehmern zu organisieren. Beinahe wäre es uns auch gelungen, wenn uns der Yogi nicht im letzten Moment zurückgepfiffen hätte. Er sagte, die deutsche Regierung sei ihm nicht wohlgesonnen und er wollte sie in dieser Situation nicht durch eine große Versammlung von Meditierenden auch noch stärken.

Stattdessen fuhren wir dann an Ostern alle zusammen zu einem kleineren Meditationskurs in Jugoslawien. Der Kurs war für uns eine schöne Erholung und wir verbrachten viel Zeit am Meer. Einer der Sekretäre des Yogis war auch bei dem Kurs und ich bat ihn, ob er den Yogi nicht anfragen könnte, dass ich zu ihm zurück nach USA kommen dürfte. Er hat es sofort genehmigt und ich war dann bald wieder zurück in Washington, D.C., wo der Yogi ein weiteres Gebäude seiner Universität hatte.

Dort begann das nächste interessante Projekt. Im Sommer 1984 begann ich zusammen mit meinem Kollegen Klaus in Gesprächen mit dem Yogi, das Konzept eines Themenparks zu entwickeln. Der Yogi hatte diese Vision, dass er mit einem Park zum Thema Meditation und Veda in USA große Menschenmassen begeistern könnte. Klaus und ich sollten zunächst Ideen sammeln, wie so ein Park funktionieren könnte, was die neuesten Technologien dafür wären und wie wir das ganze Konzept umsetzen könnten. Also schickte er uns erst einmal nach Florida, wo es einen der weltgrößten Themenparks gab. Dort sollten wir Anregungen sammeln. Klaus organisierte, dass uns auch das Filmteam des Yogis begleitete. Der Yogi ließ uns durch einen seiner Piloten in einem kleinen Propellerflugzeug von Washington, D.C. nach Florida fliegen.

In Florida konnten wir in einer Meditationsakademie des Yogis wohnen. Wir flogen dann mehrere Tage lang am Morgen mit dem Flugzeug zum Themenpark und am Abend wieder zurück. In dieser feuchten Hitze von Florida wuchs eine ungewöhnliche Vegetation, die ich auf diese Art vorher noch nicht gesehen hatte. Unsere Meditationsakademie lag auch in der Nähe eines Sumpflands. Da gab es Teiche mit großen fleischfressenden Wasserschildkröten und sogar Alligatoren. Meine Morgenspaziergänge beschränkte ich dann doch lieber auf den eingezäunten Park der Akademie.

Unsere Flüge dauerten nur etwa eine halbe Stunde, aber die Fahrten zu den Flugplätzen dauerten etwas länger. Dort wartete dann schon unser Pilot und es ging immer gleich los, ohne dass wir vorher umständlich einchecken mussten. Im Themenpark schauten wir uns alles an und testeten auch die verschiedenen Fahrgeschäfte. Ich liebte ja diese rasanten Roller-Coaster, während es meinem Kollegen Klaus eher auf den Magen schlug und er sich davon fernhielt. So hatten wir in drei Tagen alle Attraktionen angeschaut, ausgetestet und genauestens begutachtet, welche Technik da eingesetzt wurde. Wir hatten einen Riesenspaß bei dieser Konzeptionsphase für unseren eigenen neuen Themenpark.

Klaus instruierte auch das Kamerateam, welche Kamerapositionen und welche Winkel sie nehmen sollten, um optimale Videoaufnahmen zu machen. Irgendwie war das dann wohl etwas zu auffällig. Am letzten Tag kam der Sicherheitsdienst des Themenparks auf uns zu und sagte uns ziemlich klar, dass professionelle Aufnahmen hier verboten seien. Wir mussten unter Protest die Videobänder abgeben. Aber wir durften den Sicherheitsleuten folgen und gelangten auf diese Art sogar in das Kontrollzentrum des Themenparks. Da gab es eine unglaubliche Menge an Technik zu sehen.

Es war voll mit Videomonitoren, auf denen die Situation an allen Stellen des Parks gleichzeitig erfasst werden konnte. Wir schauten uns das sehr genau an, während wir darauf warteten, unsere Videoaufnahmen zurückzubekommen. Die bekamen wir dann auch, jedoch waren es lediglich Kopien und überall war das Logo des Themenparks rechts oben im Bild. Damit stellten Sie sicher, dass wir die Aufnahmen nicht veröffentlichen konnten, ohne die Leitung des Themenparks vorher um ihre Zustimmung zu fragen. Wir wollten die Videos ohnehin nicht veröffentlichen, sondern daraus einen Bericht für den Yogi erstellen.

Es war schon witzig, dass wir auf diese Art sogar hinter die Kulissen schauen konnten. Der Themenpark bestand nicht nur aus den Attraktionen und den Wegen, die für die Allgemeinheit geöffnet waren, sondern im Hintergrund gab es da ein Netzwerk von Versorgungswegen, auf denen alle Güter angeliefert wurden. Überall gab es Kameras und andere Überwachungseinrichtungen, was damals noch recht ungewöhnlich war. Somit bekamen wir einen guten Überblick über die Themenpark-Technik, die zu diesem Zeitpunkt benutzt wurde und genau das hatten wir ja ursprünglich beabsichtigt.

Wir flogen wieder zurück nach Washington, D.C. und auf der ganzen Rückreise und danach sprudelten unsere Ideen weiter. Dann berichteten wir dem Yogi und er hatte auch die tollsten Ideen, wie man so einen Themenpark selbst gestalten könnte. Wir sollten sofort damit anfangen, etwas Wichtiges für seinen Themenpark herzustellen. Dieses war ein großes Vedisches Display, also ein Schaubild, um bestimmte theoretische Zusammenhänge aus dem Veda zu erklären. Dazu mehr im nächsten Absatz.

Nach einigen Monaten brachten dann zwei unserer amerikanischen Kollegen einen bekannten amerikanischen Entertainer in unser Projekt und dieser übernahm es vollständig. Er arbeitete an Finanzierungen und brachte seinen eigenen Mitarbeiterstab, um detaillierte Designs auszuarbeiten, mögliches Land zu erwerben und die ganze organisatorische Arbeit für den Bau zu beginnen. Der Yogi war sehr zufrieden, dass dieser Entertainer die Sache übernommen hatte. Jedoch gelang es ihm auch nach jahrelanger Arbeit nicht, das Projekt zu realisieren und nach und nach löste sich alles wieder in Wohlgefallen auf.

Vedische Displays

Der Yogi liebte es, komplexe Zusammenhänge auf Schaubildern darzustellen, vor allem wenn diese auch noch beleuchtet waren und die Lichter automatisch an- und ausgehen konnten. Also liebte ich es auch, schon in meiner Anfangszeit beim Yogi, solche Displays, wie wir sie nannten, zu bauen. Bei der Entwicklung der automatischen Steuerungen zum Ein- und Ausschalten der Lichter erwarb ich auch immer bessere Kenntnisse in Digitalelektronik.

Ab Oktober 1980 war ich mit dem Yogi und etwa 100 seiner engsten Mitarbeiter zum ersten Kurs in der Vedischen Wissenschaft für sechs Monate nach Indien gereist. Zu diesem Kurs in Delhi kamen etwa 3000 Meditierende aus aller Welt.

Das erste Mal in Indien angekommen, erlebte ich einen Kulturschock. Das ganze Leben verlief völlig anders als im sauberen und geordneten Europa. Es gab Stromausfälle, chaotischen Straßenverkehr, möglicherweise unsauberes Essen, das man besser nicht essen sollte, ein Telefonnetz, das vielerorts noch nicht richtig funktionierte, ganze Dörfer ohne Strom oder Fernsehen.

Indien war ein Land großer Kontraste. Auf der einen Seite gab es diese prächtigen Regierungspaläste, großartigen Parkanlagen, imposanten Tempel und luxuriösen Hotels. Auf der anderen Seite gab es aber auch extreme Armut, Tagelöhner, die fast wie Sklaven im Schweiße ihres Angesichts arbeiten mussten, Bettler an allen Straßenecken und Slums mitten in Delhi, in denen Familien in primitiven Wellblechhütten hausten. Gleichzeitig gab es aber auch eine wachsende Mittelschicht und eine Aufbruchstimmung zu immer besseren Jobs und zu moderner Technologie.

Über alle Klassen hinweg war die spirituelle Entwicklung in Indien immer eines der Hauptthemen. Das bemerkten wir als erfahrene Meditierende sofort und so war unser erster Kurs in der Vedischen Wissenschaft genau richtig in Indien. Die Vorträge fanden in einer riesigen Halle statt. Die Kursteilnehmer wohnten in Hotels in ganz Delhi und einige sogar außerhalb von Delhi in einer schnell improvisierten Zeltstadt. So kamen wir jeden Morgen mit etwa 100 Bussen zu unserem Versammlungsort und fuhren abends wieder zurück.

Das Mittagessen für die 3000 Leute wurde während unserer Versammlung im Innenhof des Gebäudes in riesigen Kesseln über offenem Feuer gekocht. Es war erstaunlich lecker. Jeder hatte sein eigenes Besteck dabei und das Essen wurde in großen Stahl-Tellern serviert, den Thalis, die für die verschiedenen Speisen mehrere Vertiefungen hatten. Die Getränke gab es aus Metallbechern. Wir hatten auch kleine Taschenmesser, um zum Beispiel Äpfel zu schälen. Das war sehr wichtig, denn einfaches Reinigen unter Wasser half hier nichts. Das Wasser aus der Leitung war definitiv nicht keimfrei. Wir sollten nur abgekochtes Wasser trinken. Speisen, die nicht richtig gereinigt werden konnten, wie zum Beispiel Salat, gab es erst gar nicht. So konnte ich mich trotz widriger hygienischer Umstände in Indien dennoch einigermaßen gesund halten.

In dieser typisch indischen Umgebung hatte mein Freund Norbert vom Yogi die Genehmigung erhalten, ganz am Ende der riesigen Versammlungshalle ein kleines Elektroniklabor einzurichten. Es ging ganz schnell. Im Nu waren da einige Holzwände hochgezogen und Tische aufgestellt. Wir waren fünf Elektroniker im Elektronikhimmel. Wir konnten die Vorträge vom Yogi hören und gleichzeitig elektronische Geräte bauen. Der Yogi forderte uns auf, mit all unserer Kreativität die wesentlichen Themen der Vedischen Wissenschaft auf Displays darzustellen, sodass sie alle Zuhörer noch einmal anschauen konnten.

Unser Material kauften wir auf den Elektronikmärkten in Alt-Delhi. Da gab es ein buntes Gewusel von Angeboten, alle möglichen Geräte, Geräteteile und Einzelkomponenten. Das Chaos auf indischen Märkten ist einzigartig, jedoch gibt es einen Ordnungsfaktor. Die Märkte sind immer auf eine bestimmte Branche spezialisiert, sodass man alle Anbieter direkt nebeneinander hat und es leichter ist, die richtigen Dinge zu finden.

So bauten wir also mit den in Indien erhältlichen Bauteilen ein halbes Jahr lang alle Arten von Displays, um das Vedische Wissen zu zeigen. Da entstanden motorisierte Leinwände, umklappbare Anzeigen mit Magneten, Anzeigetafeln, die von hinten mit Licht beleuchtet waren und sogar computergesteuerte Anzeigen. Wir hatten einen der ersten Personal Computer aus der Schweiz mitgebracht und Norbert und ein anderer Kollege lernten von mir die ersten Schritte in der Computerprogrammierung. Gelegentlich führten wir unsere Neuschöpfungen dem Yogi und den Kursteilnehmern vor. Es machte alles einen Riesenspaß.

Zum Abschluss des Kurses durfte ich noch als Gast einer Hochzeitsgesellschaft einen Ausflug mitmachen. Wir fuhren mit drei Bussen in die Krishna-Stadt Vrindavan und zum Taj Mahal. Das Taj Mahal hat mich enorm fasziniert. Es war ein unvergessliches Erlebnis, unter diesem riesigen Tor des Taj Mahal zu stehen, welches alles mit feinsten Einlegearbeiten aus glitzernden Steinen überzogen ist. Mein Bewusstsein dehnte sich enorm nach oben aus.

Der Yogi organisierte dann noch für mich und meinen Freund Johannes als Abschluss unserer Indienreise eine Tour in die Yogi-Stadt Rishikesh am Ganges, wo seine erste Akademie noch im Betrieb war. Wir badeten im Ganges, der dort eine enorme Kraft hatte und tauchten auch traditionell dreimal mit dem Kopf unter das Wasser. Dabei mussten wir schon sehr genau abschätzen, wie viele Zentimeter weiter wir uns in das Wasser wagten, bevor es uns wegreißen würde. Auch dies war ein unvergessliches Erlebnis.

Danach durften wir auf Anordnung des Yogis noch nach Srinagar in Kaschmir fliegen, wo wir uns eine Woche lang aufhielten, bevor es wieder zurück nach Delhi und in die Schweiz ging. Wir wohnten auf einem Hausboot auf dem berühmten See von Srinagar, dem Dal Lake. Es gab da ein ganzes Dorf mit luxuriösen Hausbooten, die für Touristen sauber hergerichtet waren. Eine Gruppe von Kursteilnehmern war schon früher angereist und sie hatten auch regelmäßige Mahlzeiten an Land organisiert, sodass wir mit kleineren Booten viel hin und her fuhren. Dabei kamen dann auch immer Händler in anderen Booten vorbei, die uns ihre geschnitzten Kunstwerke aus edlem Holz anboten oder sogar einen Maßanzug, den sie mir sofort fertigstellen wollten. Als ich dem Schneider sagte, der Preis sei zwar sehr interessant, aber ich würde schon am nächsten Tag wieder abfliegen, bot er an, dass er die ganze Nacht nähen würde und der Anzug am nächsten Tag fertig sei.

Ich hatte es aber eilig, aus Indien wieder weg zu kommen. Während des Kurses in Delhi hatte ich genau auf die Sauberkeit meines Essens geachtet.

Vedische Displays

Hier auf diesem See in Kashmir waren die hygienischen Verhältnisse aber doch nicht so gut. Ich bekam eine starke Verdauungsstörung, die jedoch zurück in der Schweiz schnell wieder vorbeigegangen ist.

Das nächste große Display-Projekt begann dann vier Jahre später in USA nach dem Besuch des Themenparks in Florida. Der Yogi telefonierte öfters mit meinem Kollegen Klaus und mir und beauftragte uns, eine sehr große Schautafel zu bauen, die eine seiner wichtigsten Entdeckungen in der Vedischen Wissenschaft deutlich darstellte. Dazu waren hunderte von Lichtern nötig, die alle einzeln steuerbar sein mussten. Ich entschloss mich, dafür eine Computersteuerung zu designen und zu bauen. Damit konnte ich von einem kleinen Notebook-Computer aus jedes einzelne Licht gezielt ein- und ausschalten. Für den Gesamtablauf der Lichtsequenzen entwickelte ich eine Metasprache, sodass ich mit kurzen Codes verschiedene Sequenzen kontrollieren konnte.

Das Projekt entpuppte sich umfangreicher als geplant. Die Anzeigetafel wurde etwa 4 m lang und 2 m hoch, vollgepackt mit LEDs, Flächenlichtern, 16 Elektronikplatinen, so groß wie Computer-Motherboards, Transformatoren, Netzteilen usw. Zum Schluss konnten es nur noch drei starke Männer tragen. Die Fertigstellung zog sich dahin. Obwohl es am Anfang in USA recht flott ging und auch alle meine Schaltkreise sofort auf Anhieb funktionierten, hatten wir ein Problem. Andauernd rissen Lötverbindungen, die unter einer mechanischen Spannung standen. So war ich zum Schluss noch fast drei Monate lang damit beschäftigt, diese Fehler an hunderten von Lichtern zu entdecken und zu beseitigen, bis das Display einwandfrei funktionierte.

Zwischenzeitlich hatte der Yogi schon wieder den nächsten Kurs organisiert und es ging auf die Philippinen. Dort trafen sich etwa 4000 Meditierende, um das Land aus dem Griff eines drohenden Bürgerkriegs zu befreien. Klaus und ich sollten auch unser Vedisches Display mitbringen und wir hatten also dieses monströse 100 kg schwere Gepäckstück auf unserem Flug um die halbe Welt mit dabei. Es ging von Washington, D.C. nach Los Angeles, dann über Hawaii nach Manila in die Philippinen. Der Kurs verlief wunderbar und das Land wurde wieder friedlich, solange wir blieben und jeden Tag meditierten. Die Regierung hatte sich aber dann doch nicht entschlossen, unser Friedensprojekt zu finanzieren und so reisten wir alle etwas enttäuscht wieder ab. Ich war heilfroh, aus dem Land herauszukommen, denn ohne die 4000 Meditierenden wurden die Menschen auf den Straßen wieder aggressiv.

So kam ich mit einer der letzten Gruppen gerade noch rechtzeitig aus dem Land und es ging im Privatflieger des Yogis mit etwa 50 seiner Vertrauten von den Philippinen nach Indien. Dort waren gerade Parlamentswahlen und die Zöllner ließen mich mit dem Display nicht durch. Sie hatten Angst, dass ich als Ausländer mit diesem Display für die Wahlen politische Agitation betreiben wollte. Auf solch eine verrückte Idee wäre ich natürlich nie im Leben gekommen. Es musste mir einer der Verwandten des Yogis helfen, die Sache beim Zoll wieder in Ordnung zu bringen und vor allem das Display wieder zurückzubekommen. Dennoch bekam ich auch ohne das Display eine private Audienz beim Yogi. Er brachte mir seinen Dank zum Ausdruck, dass ich mit Klaus und unseren Helfern dieses wunderbare Projekt durchgeführt hatte.

Der Yogi zog weiter nach Holland, wo er die nächste Versammlung mit 8000 Meditierenden organisiert hatte. So wie im Jahr zuvor in USA war es auch wieder bitterkalt in Den Haag. Es war wieder einer der strengsten Winter seit Jahrzehnten. Irgendwie schienen wir durch unsere Kohärenz der großen Meditations-Gruppen die Natur abzukühlen. Dieses Phänomen habe ich insgesamt viermal erlebt. Unsere gemeinsame Macht des Bewusstseins konnte die Naturgesetze beeinflussen!

Nach der großen Versammlung zogen wir dann mit etwa 200 Leuten in eine neu erworbene Meditations-Akademie in Holland. Dort hatte ich zum ersten Mal die Gelegenheit, nach fünf Monaten Bauzeit das Vedische Display im Januar 1985 vorzuführen. Der Yogi begutachtete es nur einmal und interessierte sich anschließend nicht mehr dafür. Es kam wieder auf den Speicher in der Akademie und ich verbuchte es als ein weiteres, buntes Mandala, das mit einem Strich wieder weggewischt wurde.

Jahre später erkannte ich, worum es dabei wirklich ging. Der Yogi telefonierte einmal mit mir und fragte mich unvermittelt, ob ich mich noch an dieses Vedische Display erinnern könne. Meine fünf Monate lange Anstrengung von damals verschaffte sich nun Luft und ich sagte ihm, er sei wohl zu Scherzen aufgelegt. Er hätte mich ja ein halbes Jahr lang daran bauen lassen und das würde ich mein ganzes Leben lang nicht mehr vergessen. Er liebte meine manchmal etwas freche Art und musste herzlich darüber lachen. Natürlich erinnerte ich mich an jede Einzelheit seiner Entdeckung und hatte sein exklusives Wissen auf diese Weise fünf Monate lang gelernt. Das war wohl auch der tiefere Sinn der Übung. Wir hatten somit acht Jahre bevor sich irgendjemand sonst im Gefolge des Yogi dafür interessierte, schon eine der wichtigsten Erkenntnisse des Yogis auf dem Vedischen Display dargestellt und sie gleichzeitig vollständig verinnerlicht.

Das Elektroauto

Ein weiteres dieser bunten Mandalas war unser Elektroauto in Indien. Im Frühjahr 1986 lud mich der Yogi zu sich nach Indien ein, wo er gerade damit beschäftigt war, eine der größten permanenten Meditationsgruppen der Welt aufzubauen. Gleichzeitig gelang es ihm, die Ausbildung der Pundits für die Vedischen Rezitationen zu revolutionieren. Die tausenden von Pundit-Schüler die er ausbilden ließ, meditierten alle und waren dadurch enorm entspannt. Das hörten wir ganz deutlich an ihren Rezitationen, bei denen sich unser Bewusstsein sofort erweiterte.

Es gab da dutzende von Häusern, in denen die Pundits wohnten und wir, die Gäste des Yogis aus Europa und USA, hatten ein spezielles Haus. Wir durften auch öfters den Yogi in seinem Haus besuchen und ich erinnere mich noch lebhaft an diese Treffen. Dahin lud er neben bedeutenden Exponenten des Vedischen Wissens öfters auch wichtige Personen aus Gesellschaft und Politik ein. Unvergesslich waren diese lauen Frühlingsabende, wo wir seinen Vorträgen in seinem kleinen Gartenhäuschen lauschen durften.

In der heißen Jahreszeit sind in Indien viele Menschen eher am Abend oder zu Beginn der Nacht aktiv, während sie mittags lieber einen ausführlichen Mittagsschlaf halten. Inder sagen, dass während der Mittagshitze nur die verrückten Touristen auf die Straße gehen. Wir passten uns also lieber den lokalen Gebräuchen an und so ging ich erst nach Sonnenuntergang mit meinen Freunden auf dem weitläufigen Gelände des Yogis spazieren.

Einer unserer liebsten Treffpunkte war dabei ein Kiosk mit einer ganz kleinen Warenauswahl, wo wir uns mit den Notwendigkeiten für das tägliche Leben versorgen konnten. Dort hielten wir uns oft stundenlang auf, weil wir gleichzeitig den Vedischen Rezitationen aus der daneben liegenden Halle zuhören konnten. Die Macht des Bewusstseins war zum Greifen nahe! Etwa 2000 Vedische Pundit-Schüler rezitierten allabendlich synchron und sehr melodisch das Sri Sukta. In diesen Klängen badeten wir, während sich unser Bewusstsein ins Universum ausdehnte. Dabei teilten wir Kekse aus und tranken Zitronenlimonade aus den Flaschen, die wir beim Kiosk bekamen.

Der Yogi ließ in seinem eigenen Haus einen der berühmtesten Ayurveda-Ärzte wohnen und forschen. Es war ein hochgeheimes Projekt und erst nach einigen Jahren habe ich herausgefunden, dass es um die Entwicklung einer Ayurveda-Unsterblichkeits-Medizin ging. Das war aber dann wohl doch nicht so einfach und die Forschung wurde nie so richtig erfolgreich beendet.

Dieser Arzt hatte dem Yogi vorgeschlagen, auf dem Universitätsgelände die Autos mit Verbrennungsmotoren zu verbieten, weil der Qualm für ein langes Leben einfach nicht gut sei. Der Yogi hatte dann die Idee, dass wir doch selbst Elektroautos bauen könnten. Damit setzte er auch einen starken Impuls im Weltbewusstsein, um die Entwicklung von verbrennungsfreien Autos voranzubringen.

Eines Morgens lud er also Klaus und mich in sein Haus ein, um uns das Elektroauto-Projekt vorzustellen. Er machte uns eine Skizze, wie er sich das etwa vorstellte. Es sollte ein dreieckiger Rahmen sein und etwa die Größe eines dieser Autoscooter haben, die mit ihren Abgasen alle Straßen in Indien verpesteten. Wir sollten sofort damit anfangen und ihm in einigen Tagen unsere Ergebnisse zeigen.

Klaus und ich fuhren erst mal nach Alt-Delhi, um einzukaufen und auf dem Weg fuhren wir noch beim Neffen des Yogis vorbei und baten ihn um Geld für das Projekt. Dieser leerte seine Portokasse und wir fuhren weiter auf den Markt für Autoscooter. Dort gab es alle Einzelteile, wie Achsen, Räder und Kugellager. Nur den Elektromotor und die Elektrokabel holten wir

Das Elektroauto

uns aus einer Fabrik. Als Batterie nutzten wir eine große 24 Volt Bleibatterie für Lastwägen.

Am nächsten Tag fingen wir gleich mit unserer Konstruktion an. Mein Kollege Klaus war ein künstlerisches Genie und hatte vorher für den Yogi schon viele geniale Kunstwerke geschaffen. Er hat dann sofort den Schmied auf dem Universitätsgelände beschäftigt und dieser schweißte nach seinen Anweisungen die Stahlteile zusammen, sodass sich nach etlichen Tagen ein imposantes Gefährt entwickelte. Gleichzeitig verdrahtete ich die dicken Kabel, die ja recht hohe Ströme leiten mussten, mit der Batterie, dem Motor und einem einfachen Schalter für Vorwärts, Aus und Rückwärts. Allerlei Komplikationen aus anderen Autos, wie Gangschaltung, Beschleunigung und Bremsen ließen wir erst mal weg. Zum Bremsen konnte man ja auch mal kurz auf Rückwärts schalten. Die Kupplung bestand dann aus einem Treibriemen, der beim Anfahren und Bremsen öfters etwas qualmte.

So schafften wir es also tatsächlich, in 14 Tagen die Skizze des Yogis in ein funktionierendes Gefährt umzusetzen. Es funktionierte aber noch nicht ganz richtig, wie sich bald herausstellte. Als Ingenieur war ich es ja gewohnt, meine eigenen Kreationen erst mal gründlich zu testen, bevor ich sie der Öffentlichkeit vorstellte. Beim Yogi lief das aber ganz anders und mit einigen Überraschungseffekten.

Der Elektroscooter war für einen Fahrer vorne und zwei Fahrgäste hinten ausgelegt. Wir hatten zwar schon die Sitze installiert, aber für die Fahrgäste noch keine Rückenlehnen. Nun ging es an den ersten Test. Ich saß vorne auf dem Fahrersitz und schaltete zum ersten Mal den Schalter auf Vorwärts. Mit einem kleinen Ruck ging es los, der Treibriemen qualmte ein bisschen und dann erreichte ich eine ganz gute Fahrgeschwindigkeit.

Jetzt wollten wir das Fahrzeug auf einer größeren Straße testen, als mich Klaus unvermittelt stoppte und sagte, Heinz halt mal an, da kommt gerade der Yogi. Auf dieser unbefestigten Straße sahen wir in einiger Entfernung Staubwolken und eine Kolonne von etwa 35 Autos, die langsam um das Universitätsgelände fuhren. Im vordersten Auto war der Yogi und Klaus rannte sofort hin, sprach mit dem Yogi und sagte ihm, unser Elektroauto sei jetzt fertig.

Da war ich eigentlich ganz anderer Meinung. Für mich war es nur der erste Test. Der Yogi war über die Meldung von Klaus hocherfreut, denn es war gerade der Geburtstag dieses über 80-jährigen Arztes, der die Idee der Elektroautos ins Spiel gebracht hatte. Er fuhr mit dem Yogi im ersten Auto und durfte als erster unser Elektroauto besteigen. Klaus sagte dann, wir hätten noch keine Rückenlehnen. Das schreckte den Yogi aber überhaupt nicht und er beauftragte zwei seiner Privatsekretäre, mitzufahren und links und rechts neben dem Arzt zu sitzen, sich an den Händen zu halten und so eine Rückenlehne für den Arzt zu bilden.

Der alte Arzt konnte es also nicht mehr vermeiden und bestieg etwas widerwillig die recht hohe Sitzbank. Links und rechts von ihm saßen die beiden Sekretäre und lachten über beide Gesichter. Es kam, wie es kommen musste. Unser neues Elektroauto war völlig überlastet. Es war einfach viel zu schwer. Zum einen war da jetzt ein Fahrgast mehr als normal, zum anderen hatten wir aber auch viel zu viel Stahl verarbeitet und kamen zusätzlich mit der für LKWs ausgelegten Bleibatterie jetzt auf ein Gewicht von etwa einer halben Tonne.

Ich fuhr also los, alles ging zunächst problemlos, das Fahrzeug setzte sich gemütlich in Bewegung und wurde allmählich immer schneller. Es erreichte eine Endgeschwindigkeit, bei der die grölenden Arbeiter, die uns links und rechts eskortierten, gerade noch mitlaufen konnten, während sie voller Begeisterung „electric car, electric car, …“ riefen.

Nun roch ich aber plötzlich einen Qualmgeruch, drehte mich um und sah, dass dieser vom Elektromotor unseres Autos kam. Jetzt hatte ich etwa 1 Sekunde, um eine korrekte Entscheidung zu treffen. Ich entschied mich, sofort anzuhalten, denn andernfalls hätte der Motor auch zu brennen anfangen können. Nun war ich völlig blamiert. Der Arzt auf dem Fahrgastsitz bekam den Qualm auch in die Nase und musste stark husten. So hatte er sich die abgasfreie Fahrzeuge eigentlich nicht vorgestellt. Direkt hinter uns war der Yogi in seinem Auto und konnte alles aus der Nähe beobachten und dahinter kam auch noch die Kolonne mit den 35 anderen Autos, die jetzt alle stoppen mussten.

Das Elektroauto

Klaus reagierte blitzschnell und inspirierte die mitlaufenden Arbeiter, das Elektroauto jetzt weiterzuschieben und so kamen wir dann einige Minuten später vor dem Haus des Yogis an. Die mechanische Lenkung funktionierte noch und meine drei Fahrgäste waren heilfroh, dass sie unversehrt zu Hause ankamen.

Dieser alte, erfahrene und berühmte Arzt hatte mich jungen Mann bisher immer ignoriert. Das änderte sich nun schlagartig. Immer wenn ich ihn in den nächsten Tagen sah, erkannte er mich schon aus der Ferne und machte einen ganz weiten Bogen um mich. Er hatte wohl Angst, dass er eine weitere Testfahrt machen musste. Ich fand es recht amüsant, denn es war auch eine Art, mir einen gewissen Respekt zu zollen.

Ich nutzte die nächsten Tage noch, das Projekt ordentlich zu beenden, tauschte den Motor gegen einen leistungsfähigeren aus und testete das Gefährt ganz intensiv, bevor ich dem Yogi berichtete, dass es jetzt funktionierte. Er ließ mir mitteilen, wann ich es ihm zeigen sollte. Dann fuhr ich einen meiner indischen Freunde aus der Videoabteilung als Fahrgast im Kreis auf der Zufahrtsstraße durch den Garten des Yogis. Dieser war gerade beim Essen und winkte uns aus dem großen Gartenfenster seines Hauses zu und zeigte mir, dass er jetzt mit dem Projektfortschritt zufrieden war.

Später wollte der Yogi eine ganze Elektroauto-Fabrikation aufbauen. Das übernahmen dann aber einige andere Leute, solange bis ihr Projekt auch wieder wie diese bunten Sand-Mandalas beiseite gewischt wurde. Meine Freunde und ich haben uns oft überlegt, warum der Yogi wohl so agierte und kamen zu dem Schluss, dass er mit diesen Projekten immer wieder Impulse im Weltbewusstsein setzte und auf diese Weise neue positive Trends in der Welt erzeugte. Dies war vergleichbar mit einem Vedischen Yagya, einer symbolischen Handlung, die einen bestimmten Zweck verfolgte und dadurch zu einem Bewusstseinswandel führte. Es war eine seiner besonderen Weisen, die Macht des Bewusstseins global anzuwenden.

Meine Chips

Nachdem unser Elektroauto-Projekt zumindest für Klaus und mich beendet war, kam ein richtig heißer Sommer in Indien. Wir waren tagsüber alle nur noch am Schwitzen in unseren Zimmern und gingen nur nach Sonnenuntergang raus, um frische Luft zu bekommen. Tagsüber trafen wir uns gerne als eine Gruppe von Freunden im Zimmer eines wohlhabenden und auch wohlwollenden Freundes zum nachmittäglichen Kaffee. So kreierten wir ein bisschen Heimatgefühl im fernen Indien. Manchmal holte jemand auch aus Delhi Plätzchen, Kuchen oder Eiscreme von einem Konditor mit schweizerischer Herkunft, bei dem wir sicher waren, dass ein hoher Hygienestandard eingehalten wurde. Es hat uns auch immer gut bekommen.

Im Juni 1986 wurde es dann so richtig heiß, bis zu 43 °C im Schatten. So entschloss ich mich, auf dem Flachdach über unserem kleinen Café und über drei weiteren Zimmern, meines eingeschlossen, eine spezielle Kühlung zu installieren. Wir hatten an den Seitenwänden unseres Elektroautos auf Anraten des Yogis eine Wasserverdunstungskühlung eingebaut, die ganz effektiv funktionierte. Im alten Indien war es üblich, Wasser über Matten aus dem Wurzelgeflecht eines angenehm riechenden Baumes zu gießen, welches dann langsam verdunstete und dabei einen kühlen Luftstrom brachte.

Um die Kühlung zu installieren, arbeitete ich etwa eine Wochen lang auf dem Flachdach und ließ einige Arbeiter schräge Dachplatten installieren. Darauf ließ ich einen Stoff legen, der von oben aus durchlöcherten Gartenschläuchen durch eine Pumpe dauernd mit Wasser benetzt wurde. Das Wasser lief langsam durch den nassen Stoff herunter. Unten sammelten wir es in einer Dachrinne und einem Behälter, von wo aus es wieder nach oben gepumpt wurde. Die Verdunstungskühlung funktionierte eigentlich ganz gut und wir hatten eine um 5 °C geringere Zimmertemperatur, was einen großen Unterschied machte.

Genau dieses Projekt hatte ich schon Jahre vorher in einer meiner Zukunftsvisionen gesehen. Die Erinnerung an diese frühere Vision kam mir aber noch nicht, während ich das Projekt durchführte, sondern erst viel später. Dann erkannte ich auch, dass es einer der Wendepunkte in meinem Leben war.

Meine Chips

Leider hatte ich bei der Installation der Kühlung zu wenig auf meine eigene Gesundheit geachtet und ich wurde nicht nur total braun gebrannt, sondern hatte zum ersten Mal in meinem Leben einen Sonnenstich. Das bemerkte ich zunächst gar nicht, aber irgendwie war mein Denken nicht mehr so ganz klar und ich wollte nur wieder zurück nach Europa.

Dazu kam auch noch, dass es zu Hause bei meiner Familie in Deutschland erhebliche Probleme gab, bei denen ich helfen wollte. Also bat ich den Yogi um einen Urlaub. Er erkundigte sich genau, was meine familiären Probleme waren und gab mir dann einige gute Tipps. Er bat mich aber auch, bald wieder nach Indien zurückzukommen. Das dauerte dann doch über ein Jahr, denn ich fing zu Hause in Deutschland zum ersten Mal an, mit einem Freund ein eigenes Unternehmen aufzubauen.

Ich begann, meine Chip-Erfindung nun selbst in die Praxis umzusetzen. Die Erfindung hatte ich schon elf Jahre früher gemacht und bisher hatte niemand darauf reagiert. Der Freund, der mir 1975 mit der Patentfinanzierung geholfen hatte, investierte nun weiteres Geld, um den Chip zum ersten Mal zu bauen. Wir warben auch Peter, einen meiner früheren Kollegen aus dem Elektroniklabor an. Ihm passte es ganz gut, denn er kreierte das Design für den Chip als seine Diplomarbeit am Ohm-Polytechnikum in Nürnberg.

Die ersten privaten Geldmittel waren verbraucht und inzwischen arbeiteten wir intensiv daran, vom Bayerischen Staat eine Innovationsförderung zu bekommen. Glücklicherweise fanden wir einen guten Coach, der uns durch den Förderdschungel lotste. Er verschaffte uns die notwendigen Termine im Wirtschaftsministerium in München.

Peters Professor schrieb uns ein exzellentes Gutachten zu unserem Projekt und das brachte uns sehr voran. Er zeigte uns auch eines seiner Forschungslabors beim Fraunhofer-Institut für Integrierte Schaltungen in Erlangen, wo er mit seinen Studenten gerade zu diesem Zeitpunkt das MP3-Verfahren zur Kompression von Audiodateien neu entwickelt hatte.

Nach einem Jahr klappte es schließlich mit unserer Förderung für meine Chips und wir hatten die Zusage über einen nicht ganz siebenstelligen Betrag aus einem besonderen Förderprogramm. Das Schönste war auch noch, dass die Förderung nicht zurückgezahlt werden musste.

Kapitel 5 - Technische Projekte beim Yogi

Nun konnten wir so richtig loslegen und meine Chips in die Praxis umsetzen. Peter hatte inzwischen nach meinen Vorgaben bereits viel von dem Chipdesign auf dem CAD-System der Universität fertiggestellt und mit dem Fördergeld waren wir nun in der Lage, die Chips auch tatsächlich produzieren zu lassen. Einen Monat später waren die Chips fertig und wir bekamen die ersten 50 Muster, die wir dann ausführlich testeten.

Bei einer Funktion waren sie etwas langsam, aber ansonsten funktionierten sie genauso wie geplant. Durch diese Art von Chips konnten wir über einen Datenstrom bestimmen, wie die interne Konfiguration der Digitalelektronik aussehen sollte. Das Besondere bei meinen Chips war, dass man sie bis zu 5000-mal in der Sekunde vollständig neu konfigurieren konnte. Das war damals eine echte Revolution in der Welt der Elektronik.

Jetzt begann ich, die Neuigkeit in Elektronik-Magazinen zu veröffentlichen. Es entstand sofort ein riesiges Interesse an unserer Neuentwicklung. In manchen Zeitschriften hatte ich mit meinem Fachartikel am Jahresende die größte Anzahl an Rückmeldungen aus hunderten von anderen Artikeln. Deutsche Universitäten griffen die Forschung auf und beschäftigten sich intensiv mit dieser neuen Technologie.

Einer der zwei Journalisten der aktuellen Computersendung im Bayerischen Rundfunk bestellte unsere Chips sofort und entwickelte daraus das Design eines neuen Supercomputers. Er brachte uns dann auch ins Fernsehen, wobei er von unserem Messeauftritt auf einer großen Elektronikmesse berichtete. Unserem Coach, mit dem wir das Förderprojekt begonnen hatten, gelang es sogar, den Bayerischen Ministerpräsidenten Franz Josef Strauß an unseren Messestand zu bringen.

Ich hatte inzwischen 14 Fachartikel über die neue Chiptechnologie veröffentlicht und war während der Messe bereits auf dem Weg nach Indien, um meinem Yogi meine neueste Errungenschaft zu zeigen. Im Jahr 1988 reiste ich fünfmal nach Indien und zurück. Zu Hause in Deutschland musste ja auch die Entwicklung weitergehen und wir hatten inzwischen einen weiteren Diplomanden beauftragt, uns ein neues CAD System für den Chip zu entwickeln. Das klappte ganz gut, sodass wir den Chip auch leicht programmieren konnten.

Meine Chips

An dem Tag, als ich dem Yogi in Indien meinen neuen Chip in seine Hand gab und er diesen genauestens begutachtete, hatte er kein anderes Thema. Er war restlos begeistert. Jedem, der ihn an diesem Tag traf, erzählte er von meiner genialen Erfindung und erklärte ihnen, dass dieser Chip 5000-mal in der Sekunde völlig neu konfiguriert werden könnte. Ich zeigte ihm auch meine Fachartikel und wie ich darin wesentliche Prinzipien aus der Vedischen Wissenschaft in die Elektronik umgesetzt hatte. Das Besondere war, dass die Software ihre eigene Hardware mit hoher Geschwindigkeit verändern konnte.

Das Vedische Prinzip, das ich in die Elektronik eingeführt hatte, war das Modell der Lücke zwischen zwei Lauten im Veda. Ich hatte es ja genauestens beim Bau unserer Vedischen Displays studiert. Jetzt wendete ich dieses gleiche Prinzip auf die Lücke zwischen Hardware und Software an. Aus der Lücke heraus ließ sich alles bewerkstelligen. Diese Anwendung der Vedischen Wissenschaft begeisterte den Yogi unglaublich und er empfahl mir aber auch, nichts weiter zu veröffentlichen. Es war ein kostbares Geheimnis, das es zu schützen galt.

Dann nahm er mich mit zum ersten Ayurvedakurs mit westlichen Ärzten. Wir fuhren von seinem Haus zu einem großen Zelt, in dem der Kurs stattfand. Dort nahm er mich mit auf die Bühne und erzählte den Ärzten von meiner Erfindung. Er sagte ihnen mit großer Begeisterung, dass durch diesen Chip die Software ihre eigene Hardware 5000-mal in der Sekunde ändern konnte. Ich sollte ihnen den Chip noch etwas erklären, aber die meiste Zeit sprach er selbst, was mir ganz recht war, weil ich ungern vor großen Menschengruppen redete.

Nun kam eine Überraschung für mich. Der Yogi erklärte den Ärzten, dass die Hardware dem Körper entspreche und die Software dem Bewusstsein. Das Besondere an meiner neuen Technologie war nun aber, dass die Software 5000-mal in der Sekunde ihre Hardware verändern konnte. Der Yogi erklärte den Ärzten dann, dass der menschliche Körper noch leistungsfähiger sei als unsere Computertechnologie. Gemeinsam versuchten wir ihnen klarzumachen, dass über das Bewusstsein jede beliebige körperliche Veränderung in Bruchteilen von Sekunden möglich war.

Das war die Macht des Bewusstseins angewendet auf Körper und Bewusstsein. So funktioniert eigentlich der Ayurveda. Ich vermute mal, dass dies den Ärzten einfach viel zu viel Technik war. Außer einem freundlichen Nicken gab es keine weiteren Reaktionen bei den Kursteilnehmern.

Mir wurde erst Jahrzehnte später klar, was dieses Prinzip in Bezug auf Erleuchtung bedeutet. Es heißt nämlich auch, dass auf diese Art eine beliebige Stufe der Erleuchtung innerhalb eines einzigen Augenblicks möglich ist. Unser Körper hat die Flexibilität, sofort auf eine neue Funktionsebene umzuschalten. Die Macht des Bewusstseins mit sofortiger Wirkung!

Diese sofortige Erleuchtung war ein Thema, das mir der Yogi immer wieder nahe brachte. Es ging los mit dem Konzept des Themenparks, mit dem er erreichen wollte, dass die Besucher beim Besuch des Parks sofort erleuchtet wurden. Nun erklärte er es mir wieder anhand meines eigenen Chips und ich verstand ihn auf einer grundlegenden Ebene. Meinen eigenen Weg zu Erleuchtung werde ich dann im nächsten Kapitel beschreiben.

Auch an den folgenden Tagen beschäftigte sich der Yogi immer wieder mit meinem neuen Chip. An einem dieser Tage nahm er ein Video auf, bei dem ich zusammen mit zwei holländischen Doktoren (Ph.D.) bei ihm auf der Bühne saß. Hier ging es um ein weltweites Langzeit-Computerprojekt, mit dem er uns drei beauftragte. Der Chef der Videoabteilung kam dann herein und wollte wissen, welche Namen und Titel er auf dem Video einblenden sollte.

Dabei verpasste mir der Yogi so nebenbei mal einen Doktortitel. Er fand also, dass meine Erfindung einen Doktortitel wert war. Ich war aber gar nicht so erfreut darüber und beschwerte mich, indem ich dem Yogi sagte, ich habe keinen Doktortitel. John, einer der Sekretäre des Yogis, den ich schon seit 1976 von meiner Meditationslehrerausbildung kannte, flüsterte mir zu: „Sei ruhig Heinz, jetzt hast du einen Doktortitel!"

Zu meinem Nachbarn murmelte ich, dass ich doch nicht hier beim Yogi sei, um Titel zu bekommen, sondern nur hier sei, um Wissen zu bekommen. Diesen Gedanken hatte der Yogi natürlich auch sofort wieder mitbekommen und schaute gleich zu mir herüber und grinste mich an. Das fand er gut, dass jemand nur an seinem Wissen und nicht an Titeln interessiert war.

Meine Chips

Ich flog wieder nach Deutschland zurück und stoppte sofort alle meine geplanten Veröffentlichungen mit dem Hinweis, dass einige Patentfragen noch nicht geklärt seien. Dann begann ich ein neues Projekt eines Chips, welcher nicht nur 5000-mal, sondern 24.000-mal in der Sekunde umkonfiguriert werden konnte.

Ein Jahr später kamen, inspiriert durch meine Veröffentlichungen, zwei große Konkurrenten in USA auf den Markt. Die Technologie setzte sich weltweit durch und ist heute unter dem Namen FPGA (Field Programmable Gate Arrays) bekannt. Inzwischen wird sie in allen Computerprozessoren eingesetzt und der jährliche weltweite Umsatz liegt bei etwa $8 Milliarden. Diesen großen Markt hatte ich zwar durch meine Erfindung geschaffen, konnte ihn jedoch selbst finanziell nicht nutzen, weil es in Deutschland einfach nicht möglich war, das ungeheure Startkapital zu finden, um den Markt richtig zu erschließen. Die Amerikaner hatten dafür Milliarden investiert und holten sich dann diese Milliarden durch ihre Chipumsätze jedes Jahr mehrfach zurück.

Vielleicht war es aber einfach nicht mein Lebensweg, denn sonst wäre ich vollständig in der Chipentwicklung steckengeblieben und hätte somit niemals so viel Zeit für meine eigene Bewusstseinsentwicklung gefunden. Dann wäre es auch niemals zu diesem Buch gekommen, was ich jetzt gerade schreibe, und auch nicht zu meinem Buch Gehirnsoftware, in dem ich die Yoga Sutras übersetzt habe. Dazu aber später noch mehr.

6

Das Bewusstsein entwickelt sich

Studium der Vedischen Schriften

Seit ich als Schüler regelmäßig zu meditieren begann, entstand in mir ein immer stärker werdender Wunsch, mein Bewusstsein so schnell wie möglich weiterzuentwickeln. Der Yogi, den ich zunächst nur von seinen Büchern und Videoaufnahmen kannte, rückte immer stärker in mein Bewusstsein und ich hatte das intuitive Gefühl, dass er mich entscheidend weiterbringen konnte. Er hatte einige wichtige Lebensprinzipien klar formuliert und eines davon nahm ich besonders ernst, nämlich das Prinzip, dass Wissen der größte Reiniger ist. Es bedeutet, dass es nichts Reinigenderes für einen Menschen gibt, als das richtige Wissen über das Selbst, das Leben, die Natur und den Kosmos.

Ich setzte dieses Prinzip für mich selbst immer stärker um und studierte zunächst intensiv die Bücher meines Yogis und dann auch immer mehr den Veda und die Vedischen Schriften. Die erste Vedische Schrift, die ich las, war die Bhagavad Gita, ein episches Werk aus dem alten Indien vor 5000 Jahren. Sie beschreibt den Kampf zwischen guten und bösen Familienclans der damaligen Herrscherdynastien, aber symbolisch auch den Kampf zwischen dem Selbst und dem Verstand in einem Menschen auf dem Weg zu Erleuchtung.

Gleichzeitig hörte ich auch gerne Vedische Rezitationen, wie den Sama Veda oder das Soma-Mandala des Rig Veda, die allein durch ihre Klänge eine angenehme Reinigung des Nervensystems bewirken, ohne dass die Zuhörer die Bedeutung der Sanskritworte verstehen müssen. Wir hörten diese Klänge gerne nach gemeinsamen Meditationen oder der gemeinsamen Siddhi-Praxis.

Nach unserer Siddhi-Praxis lasen wir aber auch gemeinsam die deutsche Übersetzung des Rig Veda. Dies wirkte nicht so sehr auf das Nervensystem, sondern brachte eine größere Klarheit des Verstands. Außerdem lasen wir die Upanishaden, vor allem an den Abenden, an denen der Yogi nicht zu Hause bei uns in der Schweiz, sondern auf Weltreisen war. Die Upanishaden bestehen aus kurzen, prägnanten Aussagen über das Selbst und die Sicht der Realität im höchsten Bewusstseinszustand.

Kapitel 6 - Das Bewusstsein entwickelt sich

Es gibt ein besonderes Werk in der Vedischen Literatur, das die Entwicklung zum höchsten Bewusstseinszustand präzise beschreibt. Das sind die Brahma Sutras. Es ist ein Werk von einem Meister aus der Tradition meines Yogis, von Veda Vyasa. Bei meiner Meditationslehrer-Ausbildung hatte ich schon von diesem besonderen Werk gehört und vor allem auch vom exzellenten Kommentar des Shankara, einem anderen aus unserer Meister-Tradition. Also besorgte ich mir eine deutsche Übersetzung der Brahma Sutras zusammen mit dem Shankara-Kommentar.

Bereits 1977, im ersten Jahr, in dem ich die Dienste bei meinem Yogi antrat, las ich dieses etwa 800-seitige Werk zweimal vollständig durch. Nach dem zweiten Lesen hatte ich dann einigermaßen verstanden, was hier die beiden Autoren mit mathematischer Genauigkeit bewiesen hatten. Die ganze Welt, sowohl die objektive als auch die subjektive Welt, ist nichts anderes als das Eine, das Brahman. Diese Erkenntnis war für mich weltverändernd.

Bei meinem ersten Indien-Aufenthalt nahm mich Eberhard, einer meiner Freunde mit in einen ganz speziellen Buchladen in Delhi, der eine große Vielfalt an Vedischer Original-Literatur anbot. Dort besorgte ich mir einige der Puranas. Diese sind Erzählungen über himmlische Wesen versetzt mit Belehrungen, wie die Erleuchtung zu erreichen sei. Manche der Puranas waren auf zwei oder drei Bücher verteilt. Insgesamt gibt es 18 Haupt-Puranas und 18 Unter-Puranas mit insgesamt 400.000 Versen. Das war mir am Anfang etwas zu viel, aber vier der Haupt-Puranas besorgte ich mir und las sie so nach und nach.

Im Lauf der Zeit kamen immer mehr Bücher zu meiner eigenen kleinen Vedischen Bibliothek hinzu. Manche kaufte ich mir, manche bekam ich auch im richtigen Moment geschenkt. Ich bin in meinem Leben ja sehr oft umgezogen und dabei sind viele wertvolle Dinge zurückgeblieben, aber die Vedischen Bücher nahm ich immer gerne mit. Sie waren ein besonderer Schatz.

So erreichte mich dann auch eines Tages das Surya Siddhanta. Es ist ein Werk, das dem Jyotish, der indischen Astrologie, zugeordnet wird. Darin interessierten mich vor allem die Berechnungen der Zeitalter und die Bestimmung, an welchem Punkt wir uns jetzt gerade in einer kosmischen Zeitrechnung befinden. Dabei machte ich auch eine neue Entdeckung. Alle

Gelehrten schienen sich aufgrund eines einzigen falsch überlieferten Wortes über den gegenwärtigen Zeitpunkt in der Abfolge der kosmischen Zeitalter zu täuschen. Wir stehen tatsächlich direkt am Anfang eines goldenen Zeitalters.

Etliche Jahre später studierte ich noch weitere Jyotish-Schriften, vor allem das Brihat Parashara Hora Shastra. Auch dies ist wieder ein brillantes Werk, das sehr kompakt all die Formeln beschreibt, die zur Berechnung von Vedischen Horoskopen benötigt werden. Ich las es mehrmals vollständig und begann ab 2009 auch damit, es direkt aus dem Sanskrit in Deutsch zu übersetzen. Die vielen Jyotish-Bücher zeitgenössischer Autoren fand ich hingegen eher unpräzise und verwirrend. Sie hatten einfach nicht diese überragende Intelligenz des Parashara.

Aus dem genauen Studium des Buchs von Parashara konnte ich auch etwa ein Dutzend Verbesserungen an einer Jyotish-Software vornehmen, bzw. genau erkennen, wo fehlerhaft berechnet wurde. Als ich die Nachricht über einen solchen Berechnungsfehler an meinen Yogi weiterleiten ließ, stoppte er erstmal eine Zeit lang seine gesamten weltweiten Aktivitäten im Bereich Jyotish. Die Software-Entwickler sollten zunächst diese Fehler aus ihrer Software beseitigen. Danach organisierte er alles völlig anders und stellte die ganze Abteilung neu auf.

Ein anderes Vedisches Buch, das ich mehrmals las, war das Yoga Vasishta. Es enthält die Unterweisung des jungen Rama durch seinen Lehrer Vasishta, sodass Rama in sehr kurzer Zeit erleuchtet wurde. Das war wieder mein Thema! Es beschreibt viele Beispiele, wie Menschen früher in sehr kurzer Zeit den höchsten Zustand der Erleuchtung, das Brahman-Bewusstsein erreichten. Manche brauchten dafür weniger als einen Tag. Diese Möglichkeit war eine große Inspiration für meine Trainings, die ich in den weiteren Kapiteln noch genauer beschreiben werde.

Außerdem las ich noch das Srimad Bhagavatam, eine Beschreibung des Lebens von Krishna. Dann auch noch, um die Liste zu vervollständigen, die Manu-Smrti, Karma-Mimamsa, Nyaya, Vaisheshika, Samkhya und Teile der Mahabharata.

Zum wichtigsten Werk wurden für mich aber die Yoga Sutras des Patanjali. Sie sind eine Gebrauchsanweisung zur Benutzung des Gehirns. Ihnen widmete ich mich ganz besonders intensiv und übersetzte sie auch vollständig neu direkt aus dem Sanskrit. Mehr dazu im Kapitel über das Buch Gehirnsoftware.

Die Vedische Studiengruppe

Der Yogi war zwar begeistert über den enormen Schatz an Wissen, der im Veda und in der Vedischen Literatur zum Teil über Jahrtausende hinweg bewahrt wurde. Die Vedische Tradition wird auch bis heute noch mündlich weitergegeben und er hatte einen bedeutenden Anteil an der Pflege und Aufrechterhaltung dieser Tradition in Indien, indem er zehntausende junger Pundits ausbilden ließ.

Dennoch betonte er immer wieder, dass das wirkliche Wissen nicht in Büchern geschrieben sei. Das wirkliche Wissen gibt es nur im Bewusstsein und die Vedischen Bücher können allenfalls anregen, dieses wirkliche Wissen in unserem Bewusstsein aufzuschließen.

Vieles von diesem wirklichen Wissen war nach seiner Auffassung auch in den Klängen des Veda enthalten. Aber auch da machte er wieder die Unterscheidung zwischen den gesprochenen oder gesungenen Klängen in der menschlichen Sprache und den tatsächlichen Urklängen, die von uns Menschen noch nicht einmal ausgesprochen werden konnten. Diese Urklänge interessierten ihn besonders.

Er erklärte uns ausführlichst die Wirkungen der Klänge, besonders die unterschiedlichen Wirkungen von Vokalen und Konsonanten und auch genau, welche Vokale welche Wirkungen auf den Menschen haben. Dabei kam er zu dem Schluss, dass der Vokal A der erste Urlaut ist, der alle anderen Vokale in sich enthält. So entdeckte er eine Systematik, wie sich aus dem Laut A die gesamte Klangstruktur des Rig-Veda entwickelt. Diese Systematik nannte er den nicht von Menschen gemachten Kommentar des Veda in Bezug auf sich selbst.

Ich wurde etwa im Jahr 1982 auf diese Systematik der Klangstruktur meines Yogis aufmerksam und ich wurde mir bewusst, dass sie ein ganz besonderes und sehr seltenes Wissen enthielt. Also war ich natürlich gleich davon fasziniert und beschäftigte mich mit den geordneten Grafiken zu dem Thema, die geradezu mathematisch brillant waren.

Zu dieser Zeit hatte ich mich in einem alten Kloster in Boppard am Rhein in Deutschland, das der Yogi übernommen hatte, einer Gruppe von etwa 150 Männern angeschlossen, die Meditation und Siddhis als ihren wichtigsten Lebenszweck entdeckt hatten. Wir meditierten sehr intensiv, zum Teil bis zu 5 Stunden am Tag. Ab und zu kam der Yogi zu Besuch und ich konnte manchmal auch mit ihm fliegen und ihn auf seiner Reise in die Schweiz begleiten. Manchmal fuhren wir auch mit einer Gruppe von etwa 50 Leuten im Bus zusammen mit dem Yogi, was wir alle noch lange als unsere besten Ausflugsfahrten in Erinnerung hielten.

In unserer Gruppe von Meditationsspezialisten hatte uns der Yogi dazu angeregt, dass jeder von uns auch Spezialist in einem oder zwei der Werke aus der Vedischen Literatur werden sollte. Wir sollten uns also intensiv mit einigen wenigen der Werke beschäftigen und in dem jeweiligen Bereich Experten werden. Zunächst wählte ich mir keines aus, jedoch kam ich einige Jahre später dieser Aufforderung des Yogis wieder nach und spezialisierte mich auf die Yoga Sutras und die Vedische Astrologie. Vorher lernte ich aber erst einmal das wesentlichste Wissen der Vedischen Wissenschaft kennen und das gab es nur direkt beim Yogi.

In unserer entspannten Atmosphäre von Meditation und Vedischem Wissen luden wir auch öfters einige Wissenschaftler von Weltrang zu Konferenzen ein. So kamen einmal für ein paar Tage zwei der führenden Quantenphysiker zu uns zu Besuch. Sie genossen die Ruhe im Kloster und während wir stundenlang meditierten, nutzten Sie die Zeit in der großen Vortragshalle, um sich über ihre neuesten Theorien des einheitlichen Feldes klarer zu werden.

So kam ich an einem Morgen in die leere Vortragshalle und sah das gesamte Whiteboard vollgeschrieben mit einer einzigen riesigen mathematischen Formel. Mit Formeln hatte ich ja noch nie Berührungsängste, also ging ich hin und sah mir die Formel genauer an. Ich verstand zwar nicht im Einzelnen, worum es sich handelte, entdeckte aber einige interessante Zahlen, nämlich die Zahlen 2, 4, 8, 24, 64, und vor allem die Zahl 96. Das verblüffte mich nun außerordentlich, denn alle diese Zahlen kannte ich aus dem Eigenkommentar des Veda zu sich selbst, über den ich schon so viel vom Yogi gehört hatte. Da gab es also scheinbar zahlenmäßige Zusammenhänge zwischen der kompaktesten Beschreibung der Natur, die sich Physiker zu dieser Zeit erdacht hatten und der kompaktesten Beschreibung des Veda, die der Yogi entdeckt hatte.

Der Yogi hatte uns ja auch öfters erklärt, dass das gesamte Universum aus dem Veda entstanden sei. Damit waren natürlich die Urlaute gemeint und nicht die Vedischen Bücher. Und genau in diesen Urlauten gibt es diese mathematisch exakte Systematik, in der die oben genannten Zahlen auftauchen. So hatte ich als erster den Zusammenhang zwischen dem einheitlichen Feld und der Klangstruktur des Rig-Veda entdeckt.

Noch am gleichen Tag bekam ich die Chance, meine Entdeckung zu verkünden. Am Nachmittag kam der Yogi in die Vortragshalle, um sich mit den Quantenphysikern, unseren Gästen, zu unterhalten. Wir, die Meditationsexperten saßen im Publikum und hörten uns an, was uns die Physiker erklärten. Die Formel, die sie auf die Tafel geschrieben hatten, war ihre beste Formulierung des sogenannten Lagrangian des einheitlichen Feldes, die sie sich bis dahin erdacht hatten. Der Lagrangian ist eine Aussage über die Energieerhaltung eines physikalischen Feldes. Alle waren natürlich schwer beeindruckt von der Formel und lauschten andächtig.

Nachdem die Quantenphysiker ihren Vortrag beendet hatten, unterhielt sich der Yogi noch ein bisschen mit Ihnen über ihre Forschung und wollte dann zeigen, dass seine Leute da auch noch mitdenken konnten. So fragte er uns, ob jemand noch eine Frage zu dieser Formel hätte. Nun war meine Gelegenheit gekommen und ich stand auf und fragte, woher diese besonderen Zahlenkonstanten in der Formel kamen? Die Physiker waren erst etwas verblüfft, weil sie diese Konstanten gar nicht ernst nahmen. Ich erklärte ihnen dann, dass mich die Konstanten deswegen interessierten, weil ich vom Yogi die gleichen Zahlen schon aus der Klangstruktur des Rig-Veda kannte.

Und da hörte der Yogi ganz genau zu und sah mich direkt an und ich konnte erkennen, wie verblüfft auch er darüber war. Er war an diesem Tag wohl der Einzige, der die Reichweite meiner Entdeckung verstand.

Die Vedische Studiengruppe

Für mich wurde es dann kurze Zeit später die Eintrittskarte in ein ganz besonderes Team Vedischer Experten, die mit dem Yogi die Einzelheiten der Vedischen Klangstruktur ausarbeiten und darstellen durften. Dabei beschäftigten wir uns im Grunde mit der Struktur und Mathematik, welche in der Macht des Bewusstseins enthalten sind. Die Macht des Bewusstseins, die Shakti, schafft das Universum aus dem reinen Bewusstsein nach ganz bestimmten Regeln. Mit diesen Regeln und Strukturen beschäftigten wir uns intensiv in unserer Vedischen Studiengruppe. Zu dieser Gruppe von etwa drei Personen, die mit dem Yogi an seiner Klangstruktur des Veda arbeiten durften, lud er mich dann ein Jahr später ein.

Für den Yogi war mein Hinweis auf die identischen Zahlen im Veda und dem Einheitlichen Feld der Startschuss zu einem neuen Thema, nämlich dem Zusammenhang zwischen Bewusstsein und dem einheitlichen Feld aller Naturgesetze. Er beschäftigte sich dann jahrelang damit und bildete einen Expertenstab von Quantenphysikern und diese verbreiteten seine Botschaft in wissenschaftlichen Veröffentlichungen und auf Kursen und Konferenzen weltweit.

Einer dieser Physiker des Expertenstabs verließ seinen Arbeitgeber CERN in Genf, um sich dem Yogi anzuschließen. Diesen Physiker traf ich, nachdem ich mit dem Yogi zurück in die Schweiz gereist war. Er wollte alles über dieses Treffen mit den Experten des einheitlichen Feldes in Boppard am Rhein wissen. Sie waren berühmte Physiker und einige ihrer Veröffentlichungen kannte er schon. Also ging ich dann mit unserem Physiker-Nachwuchstalent eine halbe Stunde lang durch meine Aufzeichnungen und erklärte ihm alle Einzelheiten, soweit ich sie verstanden hatte. So habe ich die Fackel der Erforschung des einheitlichen Feldes, die ich noch von früheren Leben bei mir hatte, an ihn weitergegeben und er lief damit noch eine lange Strecke weiter. Er entdeckte, dass die vorher erwähnten Zahlenkonstanten zu einer bestimmten Anzahl von Komponenten in der Beschreibung des einheitlichen Feldes gehörten und konnte dadurch diese Komponenten eins zu eins den entsprechenden Komponenten in der Klangstruktur des Veda zuordnen.

Auf diese Weise schaffte es der Yogi, innerhalb weniger Jahre eine Trendwende in der Physik-Forschung herbeizuführen. Mit seinem Expertenstab ist es ihm gelungen, die Erforschung des einheitlichen Feldes aus einem Nischendasein herauszuholen und etwa 20 Jahre lang zu einem der wichtigsten Themen der physikalischen Grundlagenforschung zu machen. Der Yogi war durch die Macht seines Bewusstseins dazu in der Lage, solche Mega-Trends neu zu schaffen. Für mich war es eine Ehre, wieder einmal ganz am Anfang meinen Beitrag dazu geleistet zu haben.

Das persönliche Mahavagya

Unsere Meditationsgruppe von Männern im Kloster in Boppard in Deutschland bekam ab und zu mal Besuch von unserem Yogi aus der Schweiz. Bei einer solchen Gelegenheit brachte er ein großes Buchprojekt mit. Es wurden viele fleißige Hände zum Eintippen von Texten benötigt. Das Problem war nur, dass die Typesetting-Maschinen bis auf eine, alle kaputt gegangen waren. So ließ er mir die Nachricht zukommen, ich solle mir die Maschinen doch mal anschauen und nach Möglichkeit reparieren.

Ich ging gleich ans Werk und mir war völlig bewusst, dass von meinem Erfolg bei der Reparatur auch der Erfolg dieses wichtigen Projekts abhing. Etwa 150 Leute waren an dem Projekt beteiligt und es stand so ziemlich alles still, solange die Typesetting-Maschinen nicht liefen. Meine Schwierigkeit war allerdings, dass ich diese Maschinen bisher nur aus der Ferne gesehen hatte und dass sie schon von einer ziemlich alten Bauart waren. Sie hatten noch ziemlich alte, computerähnliche Schaltkreise, von denen ich zwar genaue Schaltpläne hatte, aber die gar nicht so einfach zu verstehen waren. Die etwa hundert Schaltpläne füllten einen ganzen Ordner und darin gab es noch nicht solche schönen kleinen Computer-Chips, wie zum Beispiel Mikroprozessoren. Wir hatten zwar auch eine relativ neue Maschine, welche die Druckvorlagen erzeugte und an der jemand noch Texte eintippen konnte. Die Kapazität von unseren insgesamt zwei Arbeitsplätzen reichte aber einfach nicht aus, um das Projekt schnell zu beenden.

Jemand aus der Abteilung zeigte mir, wie die alten Typesetting-Maschinen liefen, genauer gesagt die eine, die noch funktionierte. Außerdem zeigte er mir die Fehlfunktionen bei den anderen. Ich hatte schon zwei Stunden

Die Vedische Studiengruppe

lang die Schaltpläne studiert und kam allmählich dahinter, was hier falsch lief.

Nun ließ der Yogi alle zu einem Vortrag rufen, denn es gab an dem Buchprojekt nichts weiter zu tun, bevor die Maschinen wieder liefen. So gern ich auch hingegangen wäre, kam dies für mich nicht infrage. Mir war klar, dass ich unbedingt erst meine Arbeit beenden musste. In meinem Herzen war ich aber beim Yogi und wäre gerne bei seinem Vortrag dabei gewesen, gleichzeitig war ich aber auch am reparieren. Allmählich kam ich so in eine ganz gute Stimmung, das Herz voller Hingabe und gleichzeitig der Verstand bei der Arbeit. Es lief dann alles erstaunlich einfach und ich konnte innerhalb von vier weiteren Stunden tatsächlich drei der Maschinen wieder zum Laufen bringen.

Nach sechs Stunden intensiver Arbeit mit höchster Konzentration war ich mit meinen Erfolgen zufrieden und wollte jetzt noch schnell, zumindest für einige Minuten, nach oben in den Vortragssaal gehen und dem Yogi noch ein bisschen zuhören. Da kamen mir aber auch schon einige Freunde von oben entgegen. Der Yogi hatte seinen Vortrag soeben beendet. Zuerst war ich ein kleines bisschen enttäuscht, dass ich den Vortrag nun doch verpasst hatte, denn die Vedische Wissenschaft interessierte mich immer sehr stark.

Jetzt kam aber die Überraschung. Freunde, die mir entgegenkamen, riefen, Heinz, du bist heute besonders gelobt worden! Sie erzählten mir, dass der Yogi zur Kenntnis genommen hätte, dass ich nicht beim Vortrag anwesend war und dann gesagt hätte, Heinz ist der einzige Ingenieur hier an diesem Ort. Es war insofern witzig, weil es einige andere Ingenieure im Publikum gab. Er hatte also auch während seines Vortrags seine Aufmerksamkeit auf mich gerichtet und von daher kam dieses erhebende Gefühl, das ich bei meiner hingebungsvollen Arbeit gespürt hatte.

Am Abend sollte ich dann aber doch noch belohnt werden. Der Yogi hatte mich in sein Wohnzimmer eingeladen, wo ich den Abend zusammen mit ihm und Girish verbrachte. Das war einer seiner jungen Verwandten, der zum ersten Mal aus Indien angereist war und an diesem Abend seine Dienste beim Yogi begann. Die meiste Zeit waren wir zu dritt und ab und zu kam noch ein Privatsekretär des Yogis dazu, den er dann gleich wieder mit neuen Aufgaben wegschickte.

Ich schlug dem Yogi vor, dass man diese ganze Typesetting-Abteilung völlig anders aufstellen könnte. Es wäre dazu nur ein Interface nötig, um die neue Maschine anzusteuern, welche die Druckvorlagen erstellte. Die tatsächlichen Texteingaben könnten dann über x-beliebige Computer erfolgen und wir wären nicht mehr von den reparaturanfälligen Type-Setting Maschinen abhängig. Der Yogi ließ sofort einen Einkäufer kommen und ihm von mir erklären, was zu kaufen war. Damit war die Neuorganisation der Eingabegeräte für Bücher, Prospekte, Plakate usw. eine beschlossene Sache.

Der Yogi war an diesem Abend mit meiner geleisteten Arbeit und mit meinen neuen Ideen sehr zufrieden. Wir waren in einer heiteren und entspannten Stimmung. Dann betrachtete er mich eine Weile und sagte mir ein Mahavagya, das er individuell auf mich angepasst hatte.

Ein Mahavagya ist ein bestimmter, kurzer Vedischer Satz, den ein erleuchteter Meister seinem Schüler sagt. Das geschieht aber zu einem bestimmten Moment, wenn der Schüler in seiner Bewusstseinsentwicklung so weit ist, dass er den tiefen Sinn dieser Aussage auch erfassen könnte.

Ich hatte bisher noch nie von irgendeinem meiner Freunde gehört, dass jemand ein solches Mahavagya vom Yogi persönlich gehört hatte. Es war mir vorher auch noch nie passiert und auch danach nicht mehr. Es war wirklich nur einmal nötig, das Mahavagya vom Meister zu hören. In den darauffolgenden Jahren hatte es eine enorme Wirkung auf mich.

Bestätigung des Einheitsbewusstseins in Indien

Diese Mahavagyas stammen aus den Upanishaden. Dort kann sie jeder nachlesen. Es sind Aussagen, die helfen, den höchsten Bewusstseinszustand, das Einheitsbewusstsein zu erreichen. Für mich war es etwas Besonderes, dass mein erleuchteter Meister dieses auf mich angepasst hatte. Damit war auch völlig klar, dass ich damit gemeint war. Wir waren ja nur drei Personen im Raum, als ich es hörte. Ich hatte das Mahavagya im Herbst 1982 gehört und es entfaltete über mehrere Jahre hinweg seine Wirkung.

Im April 1988 hatte das Mahavagya dann seinen ultimativen Zweck bei mir erreicht.

In diesen Jahren hatte ich zum einen noch viel mit Projekten für den Yogi zu tun, zum anderen aber auch ein Unternehmen gestartet, um meine Computer-Chip-Patente in die Realität umzusetzen. Das neue Unternehmen lief nach einiger Zeit ganz gut und wir bekamen auch Fördermittel vom Bayerischen Staat, um den innovativen Chip zu bauen.

Der Yogi war zu dieser Zeit in Indien und Horst, ein Elektronikingenieur und Freund aus den Zeiten des Elektroniklabors traf mich scheinbar zufällig auf einer Computermesse, wo wir uns dann unterhielten. Ich erzählte ihm von meiner Chipentwicklung und er war ohnehin gerade auf dem Weg nach Indien. Dort berichtete er dem Yogi von meinen Chips und dieser ließ mich sofort einladen, zu ihm nach Indien zu kommen. Das war im Jahr 1988. In diesem Jahr flog ich fünfmal nach Indien und zurück nach Deutschland. Im April wollte mir der Yogi einen Doktortitel verleihen, den ich dann mehr oder weniger ablehnte, wie ich schon im vorherigen Kapitel über meine technischen Projekte berichtete.

Der Yogi hielt aber eine noch größere Überraschung für mich bereit. Ein paar Tage später stellte er mich wieder einer Gruppe von etwa 20 Indern, Europäern und Amerikanern vor. Einige von ihnen kannten mich schon, einigen anderen begegnete ich zum ersten Mal.

Er sagte, „Das ist Heinz. Heinz ist im Einheitsbewusstsein." Es durchfuhr mich wie ein Blitz! Irgendwie hatte ich es schon geahnt, dass dieser Bewusstseinszustand, den ich mehrere Tage lang schon vorher verspürt hatte, etwas Besonderes war. Auf der anderen Seite war da aber noch dieser Instinkt, mit meinen Leistungen nicht gerne in das Rampenlicht der Öffentlichkeit gehen zu wollen.

Meine erste spontane Reaktion war also, diesen Titel auch wieder ablehnen zu wollen. Im Bruchteil einer Sekunde wurde mir aber klar, dass es gar kein Titel war. Der Yogi hatte einfach nur meine Situation beschrieben und es gefiel ihm, dies auch anderen mitzuteilen. Bisher hatte ich fast den Eindruck, als hätten wir eine ungeschriebene Schweigevereinbarung diesbezüglich und als hätte er diese jetzt gebrochen.

Kapitel 6 - Das Bewusstsein entwickelt sich

Es war schon eine lustige Situation. Auf der einen Seite wollte ich es gar nicht richtig wahrhaben, auf der anderen Seite hatte jetzt das Mahavagya vom Yogi seine Wirkung vollständig getan. Ich dachte mir, oh, so einfach ist Einheitsbewusstsein, das war ja leicht! Der Yogi musste einfach nur grinsen über all diese Denkvorgänge, die dann bei mir abliefen. Er konnte ja sowieso schon lange in mein Gehirn hineinschauen und darin wie in einem offenen Buch lesen.

Sofort schwappte eine Welle von Sympathie von allen Anwesenden zu mir herüber, die ich ganz deutlich wahrnehmen konnte. Ich beschloss aber dennoch, niemandem meiner hunderten von meditierenden Freunden von dieser Feststellung des Yogis zu erzählen. Ich war überzeugt, dass sie nur mit Neid reagieren würden und das wollte ich mir ersparen.

So lebte ich ein wunderbares Leben im Einheitsbewusstsein für etwa 20 Jahre, ohne jemals mit irgendjemanden darüber zu sprechen. Dann haben mich zwei meiner Freunde überzeugt, dass wir alle drei in einem Rundschreiben doch offen über unsere Erfahrungen höheren Bewusstseins im Alltag sprechen sollten. Irgendwie wurde mir auch klar, dass es ja niemandem half, das Thema Erleuchtung immer außen vor zu lassen und es immer nur als großes Geheimnis zu behandeln.

Das Einheitsbewusstsein hatte sich bei mir auch recht schnell stabilisiert und es wurde zu einer permanenten Erfahrung. Ich war also schon lange so weit, dass mich Zweifel von Freunden bezüglich meines Bewusstseinszustands überhaupt nicht mehr berühren konnten. Also öffnete ich mich und begann von da ab auch ganz offen über meinen Bewusstseinszustand mit anderen zu sprechen, wenn sich die Gelegenheit dazu ergab.

So bin ich mit der Erleuchtung an die Öffentlichkeit getreten und habe auf Erleuchtungskongressen darüber geredet, ein Buch darüber geschrieben und vielerlei Kurse und Trainings durchgeführt, um anderen ebenfalls zu helfen, schnell ihr eigenes höheres Bewusstsein zu realisieren. Und so bin ich jetzt wieder dabei, ein Buch zu schreiben, um euch, den Lesern einen neuen Impuls zu geben, dass Erleuchtung zum einen machbar ist und zum andern auch schnell realisiert werden kann.

Bestätigung des Einheitsbewusstseins in Indien

Der Yogi war ein Jagat Guru, ein Weltenlehrer. Er erfüllte allen ihren größten Wunsch. Wer Macht haben wollte, bekam Macht. Wer Wissen haben wollte, bekam Wissen. Wer lehren wollte, wurde zum Lehrer oder Professor. Wenn jemand alles Geld der Welt haben wollte, ließ ihn der Yogi eigenes Geld in Form einer Alternativwährung drucken. Wer einfach nur dienen wollte, durfte dienen. Wer reisen wollte, durfte reisen. Wer berühmt werden wollte, durfte viel reden, Interviews geben, Artikel veröffentlichen und sogar im eigenen Fernsehkanal auftreten.

Wer aber einfach nur erleuchtet werden wollte, wurde in der Aura des Yogis erleuchtet. Das war das größte Geschenk, was ich von ihm erhielt.

Von nun an behandelte mich der Yogi auch völlig anders. Meine Beziehung zu ihm wurde immer emanzipierter, ja eigentlich zu einer Freundschaft. Er gab mir keine Aufträge mehr, sondern nur noch Empfehlungen. Wenn ich wichtige Fragen an ihn hatte, sagte er auch schon mal, dass ich mich selbst entscheiden solle und ihm dann meine Entscheidung mitteilen solle. Ich wurde immer öfters auch zu einem Ratgeber für ihn.

Während ich dieses Kapitel beende, wird mir jetzt klar, warum die höchste Stufe der Erleuchtung in der Vedischen Wissenschaft manchmal auch als Emanzipation bezeichnet wird.

Eine ganze Reihe seiner großen Projekte kamen mir zuerst als eine spontane Idee. Sobald ich ihm solche Ideen dann vortrug oder schriftlich mitteilen ließ, zögerte er nicht, sie sofort in die Praxis umzusetzen.

Eine versteckte Ehre diesbezüglich wurde mir einmal zuteil, als er sich mit seinen engsten Beratern traf, bei denen ich nicht dabei sein durfte. Sie berieten über eine meiner Ideen und entschieden, diese in die Praxis umzusetzen. Dabei fragte der Yogi seine 12 Berater, warum sie und auch er eingeschlossen, keine solchen Ideen hätten? Davon berichtete mir dann später einer der anwesenden Berater.

Witzig war aber auch, dass sie nicht auf die Idee gekommen sind, mich einmal direkt zu einer solchen Besprechung einzuladen. Mich hat es dann auch nicht weiter interessiert und ich habe mit meinen eigenen Forschungen und Unternehmensaktivitäten weitergemacht.

7

Wissenschaftliche Forschung

Dies ist ein Kapitel, das zum Verständnis der Siddhis nicht unbedingt notwendig ist. Es ist ein Teil meiner Autobiografie und ich beschreibe darin meine wissenschaftlichen Forschungsprojekte. Wer sich für Wissenschaft nicht interessiert, kann das Kapitel auch überspringen.

Kohärenzforschung

Wie ich schon vorher beschrieben habe, begann meine Karriere beim Yogi mit meiner Meditationslehrer-Ausbildung und danach an seiner Universität im Labor für Gehirnwellen-Messungen. Dort übernahm ich zunächst Assistentenfunktionen und wuchs dann immer mehr in meine Rolle als technischer Laborleiter hinein. Ich lernte die Geheimnisse der Elektroenzephalografie (EEG) und der Computerauswertung nach und nach kennen.

Wir hatten zwar am Anfang noch diese Aufzeichnungen mit den vielen Tintenschreibern auf ganz breitem Endlospapier. Darauf konnte man mit etwas Erfahrung sofort erkennen, in welchem Bewusstseinszustand sich eine Person befand. Wir hatten entdeckt, wie sich der vierte Bewusstseinszustand, ein Zustand völliger Gedankenstille, von den anderen drei Bewusstseinszuständen unterscheidet. Diese sind das Wachbewusstsein, das Träumen und der Tiefschlaf. Den Unterschied dieser drei zum vierten Bewusstseinszustand konnten wir nach einiger Übung sofort an den EEG-Aufzeichnungen mit bloßem Auge erkennen.

Das Wesentliche waren jedoch die digitalisierten EEG-Kurven, die wir beim Stand der Technik von 1977 zunächst auf ein Magnetbandgerät unseres Mini-Computers aufzeichneten und dann in einem zweiten Durchgang von dort aus analysierten. Bei unseren Analysen benutzten wir das Beste, was die Theorie der digitalen Signalverarbeitung (Digital Signal Processing DSP) zu bieten hatte. Unsere Bibliothek war ganz gut mit den besten Fachbüchern zu dem Thema ausgestattet.

Somit umfasste mein Studium an der Universität des Yogis auch einen intensiven Kurs in der Theorie und Praxis der digitalen Signalverarbeitung. Für unsere Analyse der Gehirnwellen verwendeten wir die Fast Fourier

Transformation (FFT), eine mathematische Methode, die erst zwölf Jahre vorher veröffentlicht wurde. Damit konnten wir das Signalspektrum der Gehirnwellen sehr schnell berechnen. Dann verarbeiteten wir die Signale weiter und bestimmten die Kohärenz zwischen mehreren Kanälen.

Kohärenz ist in der digitalen Signalverarbeitung ein exakt definierter Begriff, das heißt es gibt dazu eine genaue mathematische Formel. Wir benutzten den Begriff Kohärenz also nicht in einem allgemeinen Sinn als Harmonie oder Zusammenspiel zwischen mehreren Teilen, sondern für uns war Kohärenz berechenbar. Der Wert für die Kohärenz lag immer zwischen 0 % und 100 %. Hohe Kohärenz zwischen mehreren Bereichen des Gehirns bedeutete, dass diese Gehirnbereiche gut miteinander kommunizierten.

Wir entdeckten, dass in einer tiefen Meditation die Kohärenz vor allem zwischen linker und rechter Gehirnhälfte zunahm. Dabei kam es auch noch auf die genaue Frequenz an. Am deutlichsten war die Kohärenzzunahme in den Alpha- und Theta-Frequenzbändern. In unserem Labor arbeiteten mehrere Wissenschaftler, hauptsächlich Psychologen und Ärzte, die das EEG meist zur Bestimmung von Krankheiten benutzt hatten. Jetzt benutzten sie es, um höhere Bewusstseinszustände im Menschen zu bestimmen. Diese Wissenschaftler veröffentlichten auch eine Menge von Publikationen bei angesehenen Fachzeitschriften. Dort berichteten sie über ihre neuen Erkenntnisse, wie sich das Gehirn in tiefer Meditation völlig anders verhält.

Als ich neu im EEG-Labor ankam, gab es dort nur noch einen Mathematiker, der die Kohärenzberechnung verstand. Von ihm bekam ich einige exzellente Bücherempfehlungen, aus denen ich dann die digitale Signalverarbeitung lernte. Außerdem gab er mir einen Einblick, welche Teile der Berechnung an welcher Stelle in der Software ausgeführt wurden. So arbeitete ich mich immer tiefer in dieses mathematische Spezialgebiet ein. Mein Kollege musste aus Visa-Gründen von der Schweiz wieder zurück in die USA und ich übernahm dann die technische Leitung des EEG-Labors.

Während ich auf der einen Seite die Hardware in Ordnung hielt und dabei auch meine Siddhi Power nutzte, wollte ich ebenfalls verstehen, wie die Software im Einzelnen funktionierte. So entdeckte ich nach und nach, dass da noch einige gravierende Systemfehler waren. Es gab Situationen, in denen die Kohärenz nicht richtig berechnet wurde, vor allem wenn sich die

Gehirnwellen in einem großen dynamischen Bereich bewegten. Das bedeutete, wenn die Gehirnwellen manchmal ganz klein und danach ganz groß waren, hatte unsere Kohärenzberechnung noch erhebliche Fehler. Zusätzlich gab es auch noch Zahlen-Rundungsfehler, denn unsere Frequenzanalyse musste so schnell wie möglich arbeiten und benutzte daher nur Zahlen mit 16 Bit Länge. Bei der damaligen Computertechnologie konnte ein Mini-Computer einfach nicht viel mehr leisten.

So analysierte ich etliche Monate lang unser Datenverarbeitungssystem und stellte nach und nach all die Fehler ab, indem ich die Software entsprechend anpasste. Die Wissenschaftler, die unsere Laboranalysen verwendeten, bekamen von diesem Prozess gar nicht viel mit, denn für sie war Kohärenz ohnehin schon kompliziert genug. Sie hatten da keine Geduld dafür, sich mit etwa 20 weiteren einzelnen Parametern zu beschäftigen, welche alle einen erheblichen Einfluss auf die Verlässlichkeit ihrer Ergebnisse hatten. Aber dafür hatten sie ja mich und ich hielt das System in Ordnung und verbesserte es, so gut ich konnte.

Der Yogi hingegen hatte meine fachliche Kompetenz bald bemerkt und so entstand unser Elektroniklabor. Eines unserer wichtigsten Projekte war, die EEG-Messgeräte wesentlich zu verkleinern. Was bisher in zwei 19-Zoll Schränken untergebracht war, so groß wie zwei kleine Kleiderschränke, wollten wir nun auf die Größe eines Aktenkoffers reduzieren. Nach einigen Jahren ist uns das auch gelungen.

Gleichzeitig entwickelte ich die Methodik der Kohärenzberechnung weiter. Ich hatte erkannt, dass die Kohärenz eigentlich ja ein statistischer Wert war. Es war immer nur eine Abschätzung der tatsächlichen Kohärenz, deren Genauigkeit ganz wesentlich von der Anzahl der untersuchten Datensätze abhing. Weil diese Datensätze manchmal viel zu wenige waren, hatten wir erhebliche Schwankungen in unseren Rechenergebnissen.

So ging ich dazu über, nahe beieinander liegende Frequenzwerte zu Frequenzbändern zusammenzufassen und einen Kohärenzwert für jedes Frequenzband zu ermitteln. Damit kamen wir zu wesentlich stabileren Resultaten.

An der Universität des Yogis in den USA gab es auch ein weiteres EEG-Forschungslabor. Da der Yogi aber keinen wissenschaftlichen Austausch zwischen uns förderte und den Elektronikern stattdessen eine strikte Geheimhaltung abverlangte, entdeckten sie dort das gleiche Geheimnis etwa 30 Jahre später. Das war schon wirklich ein Witz!

Etwas Ähnliches passierte mir noch einmal im Jahr 1990, als unsere befreundeten USA-Forscher ein Gerät erworben hatten, mit dem sie sogenannte Brain Maps, also Landkarten des Gehirns erstellen konnten. Sie tauchten damit an der Universität des Yogis in Holland auf.

Der Yogi hatte mich einige Monate vorher inspiriert, meine eigene Unternehmenstätigkeit aufzugeben und mich ihm erneut anzuschließen. Das tat ich dann auch und arbeitete wieder mit den Gehirnforschern zusammen. Ich erklärte ihnen, dass wir schon neun Jahre vorher in der Schweiz ein solches Gerät entwickelt hatten, was sogar Kohärenzen analysierte, während sie nur Frequenz-Spektren betrachteten. Unser älteres Gerät hatte also eine größere Aussagekraft bezüglich der Effekte einer Meditation.

Irgendwie haben sie das aber nicht ganz verstanden und arbeiteten weiter mit ihren Brain Maps. Da gab es meiner Meinung nach viel zu viele Parameter einzustellen und man konnte die Farben der Gehirnkarten so justieren, wie man wollte. Ich hielt es für unseriöse Wissenschaft. Bei einer passenden Gelegenheit teilte ich das dem Yogi telepathisch mit. Daraufhin entschied er sich sofort, die Forschung mit den Gehirn-Landkarten einzustellen.

Ich forschte unabhängig weiter, wobei ich dann schließlich die Quantenwellen im Gehirn entdeckte. Dazu später noch mehr.

Erforschung der künstlichen Intelligenz

Im Jahr 1988 gründete ich mit zwei Geschäftspartnern ein Software-Entwicklungsunternehmen in München. Wir waren da zunächst in einem Technologiezentrum und versuchten auch Fördergelder vom Bayerischen Staat zu bekommen. Das klappte aber nicht so gut, sodass wir ein Angebot

121

für eine staatliche Förderung vom Bundesland Schleswig-Holstein akzeptierten und dann nach Lübeck in ein anderes Technologiezentrum umzogen.

Der Zweck des Projekts war, eine neue Software zu entwickeln, die in der Lage sein sollte, beliebige Druckschriften zu erkennen. Die Software musste also verschiedenste Fonts (Schriftarten) gespeichert haben und dann jeweils automatisch entdecken, was der Font auf einer gedruckten Seite war. Dann sollte sie diese Seite lesen und im Computer als Textzeichen abspeichern, so als hätte jemand den Text an der Tastatur eingetippt. Solch eine Software gab es damals noch nicht. Es gab zwar schon Schriftenerkennung aber die war immer nur auf spezielle Fonts trainiert. Wir wollten jedoch ein universell einsetzbares Erkennungssystem schaffen.

Dafür hatte ich mich in die ganze Thematik der künstlichen Intelligenz gründlich eingearbeitet. Mir waren die damaligen Schwachstellen dieses Software-Spezialgebiets bekannt. Ich wollte die zu vergleichenden Fonts nicht in einer Datenbasis abspeichern, sondern stattdessen in einer Wissensbasis. Mit dem Thema Wissen hatte ich mich ja vorher schon ausführlich von der Vedischen Wissenschaft her beschäftigt. Daher kannte ich den Unterschied zwischen Wissen und Information recht gut.

Wissen ist der eine zentrale Faktor bei der künstlichen Intelligenz. Alles dreht sich um Wissen. Das war damals 1988 so und ist heute im Jahr 2020 immer noch so. Wissen ist immer ganzheitlich, während Information immer bruchstückhaft bleibt.

Für unsere Schriftenerkennungs-Software legte ich daher die Wissensbasis so an, dass beim Lernvorgang von weiteren Fonts nur zusätzliches Wissen hinzukam, jedoch niemals das vorher gelernte Wissen verloren gehen konnte. Das war damals etwas Einmaliges. Wir hatten sogar einen US Computer-Professor zu Besuch, dem ich dieses Prinzip erklärte und der mir daraufhin vehement widersprach und behauptete, so etwas sei völlig unmöglich. Wir hatten aber die Software bereits und sie funktionierte und daher wusste ich, dass es bei uns möglich war. Unser System würde immer nur das Wissen erweitern, aber niemals etwas vergessen.

Mit dem Fortschritt unseres Systems entdeckte ich dann einige grundsätzliche Naturgesetze bezüglich Wissen und Information. Ich konnte nämlich unsere Wissensbasis mit der Datenbasis vergleichen, durch die wir sie implementierten. Dabei stellte ich fest, dass Wissen und Information immer völlig verschieden blieben. Wissen konnte zunehmen, während die Information ebenfalls zunahm. Wissen konnte aber auch zunehmen, wenn die Information gleich blieb. Und schlussendlich konnte Wissen sogar zunehmen während die Informationsmenge abnahm, die wir benötigten, um dieses Wissen im Computer zu speichern.

Diese Entdeckung erschien zunächst völlig paradox, aber ich untersuchte sie exakt und nach einiger Zeit wurde mir klar, dass sich Wissen in einer ganz anderen Dimension bewegte als die Information.

Dies entsprach auch dem Vedischen Verständnis von Wissen. Dort gibt es zwei Arten von Wissen. Das erste ist ein angelerntes Wissen (pramana), welches wir heute eher als Information bezeichnen würden. Das höhere Wissen (prajna) in der Vedischen Wissenschaft ist jedoch ein intuitives Wissen, welches immer erst aus der Erfahrung der Unendlichkeit resultierte. Damit ist die Unendlichkeit immer ein wesentlicher Bestandteil der Intuition.

Nun versuchte ich, diesen Wissensbegriff technisch noch exakter zu erfassen. Ich wusste, dass der große Fortschritt in der Computertechnologie viele Fundamente hatte, aber ein wesentliches Fundament war die Messbarkeit von Information. Dieses Prinzip wurde 1948 von Shannon entdeckt. Wenn man die Wahrscheinlichkeit eines Ereignisses kennt, kann man daraus mit einer einfachen Formel den Informationsgehalt eines solchen Ereignisses berechnen.

Heute benutzen wir ganz selbstverständlich Bits und Bytes, Kilobytes, Megabytes, Gigabytes und Terabytes. Erst über die Messbarkeit der Information und daraus abgeleiteter Größen, wie zum Beispiel Geschwindigkeit einer Datenübertragung, Speichergröße, Verarbeitungsgeschwindigkeit in Prozessoren, usw. können wir die Leistungsfähigkeit von Computern beschreiben. Die Beschreibung dieser Daten wurde zu einer der Grundlagen für den schnellen Fortschritt in der Computertechnologie.

Mir wurde allmählich klar, dass so etwas bei der künstlichen Intelligenz (KI) noch fehlte. Wissen war noch nicht messbar. Erst mit der Messbarkeit von Wissen würde ein echter Fortschritt der KI erreicht werden. Also machte ich mich daran, Wissen messbar zu machen. Die notwendigen Daten hatte ich aus unserem Schrifterkennungs-Projekt zur Verfügung. Ich musste nur die entsprechenden Berechnungen und Tabellen dafür aufstellen. Das war keine allzu große Arbeit.

Das Ergebnis meiner Forschung war nun eine Berechenbarkeit der Faktoren, die mit Wissen zusammenhängen. Die Messwerte, die ich damit berechnen konnte, waren 1) die Vollständigkeit einer Wissensbasis, 2) die Kreativität einer Wissensbasis, 3) die Tiefgründigkeit eines Erkenntnisprozesses und 4) der Lernfortschritt einer Wissensbasis. Alle diese erschienen wie Begriffe aus der Geisteswissenschaft, aber für mich waren sie jetzt technologisch messbar und berechenbar. Damit hatte ich nun eine weitere Brücke gebaut, die das Vedische und das technologische Wissen miteinander verbinden konnte.

Entwicklung der Samhita Computer

Im Kapitel über meine technischen Projekte habe ich schon ausführlich beschrieben, wie ich den von mir erfundenen Chip meinem Yogi in Indien vorstellte. Zu dieser Zeit war mir bereits klar, dass man damit enorm leistungsfähige Computer bauen könnte.

Diese Computer wollte ich ‚Transware' nennen und teilte das auch dem Yogi mit. Er überlegte kurz und sagte mir dann, das sei kein guter Name. Ich fragte ihn, ob er eine Alternative für mich hätte und er sagte mir daraufhin, ich solle diese Computer ‚Samhita Systems' nennen. Der Begriff Samhita hat in der Vedischen Wissenschaft eine ganz zentrale Bedeutung. Er bedeutet eine Ganzheit, welche drei Komponenten miteinander verbindet. Diese drei Komponenten waren in meinem Fall die Software, die Hardware und die Lücke zwischen beiden.

Ich hatte die Zusammenhänge zwischen Hardware und Software schon 1985 genauestens erforscht. Da gab es immer eine Lücke zwischen Hardware und Software. Diese Lücke hatten frühere Forscher als die semantische Lücke bezeichnet. Aus der Vedischen Wissenschaft hatte ich aber bereits gelernt, dass die Lücke zwischen zwei Gebieten immer etwas ganz Besonderes war. Mit meinem neuen Chip konnte ich diese Lücke in einer Weise gestalten, dass sie sehr viel flexibler wurde als bei früheren Computersystemen.

Intuitiv war mir lange Zeit klar, dass ich damit im Prinzip wesentlich leistungsfähigere Computer bauen könnte. Es hat aber weitere 14 Jahre gedauert, bis ich dann die konkrete Idee hatte, wie ich einen solchen Computer tatsächlich konstruieren konnte.

Ich erinnerte mich immer noch an die Empfehlung meines Yogis und nannte das neue Projekt dann auch Samhita Systems. Mithilfe einiger guter Kontakte gelang es mir im Jahr 1999 die erste Finanzierung für das neue Projekt auf die Beine zu stellen. Ich zog dann von Deutschland in die Schweiz, um das Projekt zu beginnen. Dort engagierte ich eine Reihe von Freiberuflern, die ich zum Teil noch aus den Zeiten des Elektroniklabors beim Yogi kannte.

Es war ein gutes Team und wir waren wirklich effektiv. Innerhalb eines halben Jahres schafften wir es, den ersten Prototypen des neuen Computers zu konstruieren und zuverlässig zum Laufen zu bringen. Dieser Computer konnte spezielle Aufgaben 17-mal schneller erledigen, als vergleichbare Computer mit den normalen Prozessoren.

Das sollte aber erst der Start sein, denn prinzipiell war die Samhita Systems Technologie dafür ausgelegt, Computer um einen Faktor 1000-mal schneller zu machen. Da hätte man meinen sollen, dass jeder intelligente Investor sofort an einem solchen System interessiert wäre. Es sollte sich dann aber im Laufe von vielen langen Jahren der Investorensuche herausstellen, dass solch intelligente Investoren gar nicht so leicht zu finden waren.

Die Anfangsinvestoren hatten zwar den funktionierenden Prototypen gesehen, waren dann aber ausgestiegen und hatten ihre großen Versprechungen zu einer Folgefinanzierung doch nicht realisiert. Wahrscheinlich zogen sie sich deswegen zurück, weil es ihnen nicht gelungen war, mein Projekt gegen meinen Willen zu dominieren.

Nun begann für mich eine 18 Jahre lange Suche nach Investoren für dieses lukrative Computerprojekt. Sie blieb letztendlich erfolglos und während die Jahre vergingen, verringerte sich natürlich auch der technologische Vorsprung meiner Erfindung. Bei dieser Suche habe ich über einflussreiche Kontaktpersonen mein Projekt allen Arten möglicher Investoren vorgestellt. Darunter waren Risikokapitalgesellschaften, Politiker, Minister verschiedener Länder oder Bundesländer, ein Bundeskanzler, reicher Geldadel und einige Staatsoberhäupter kleinerer Länder.

Ich bin dafür zusammen mit meinen Freunden und Kollegen zu Treffen in verschiedene Länder geflogen, nach Dubai, Südafrika, Frankreich, Niederlande, Schweiz und Skandinavien. Außerdem haben wir immer wieder Delegationen empfangen. Und wir haben uns in die beliebtesten Urlaubsorte der Schönen und Reichen begeben, wie St. Moritz und Cannes an der französischen Riviera.

Ich hatte ausführlichste Geschäftspläne erarbeitet, konnte den funktionierenden Prototypen vorweisen und konnte ganzen Staaten vorrechnen, wie sie damit auf einen Schlag sofort eine Führungsrolle in der Computertechnologie übernehmen könnten. Ich hatte Empfehlungen von Experten, zum Beispiel Professoren deutscher Universitäten, die noch genau wussten, dass ich der ursprüngliche Erfinder dieser neuen Chiptechnologie war. Sie bescheinigten mir, dass sie es für möglich hielten, daraus enorm leistungsfähige Computer zu entwickeln.

All das nützte aber nichts. Prinzipiell scheint der Kapitalismus nicht von Sachverstand regiert zu sein, sondern einfach nur von reichen Leuten. Je tiefer wir in die Finanzwelt hineinblickten, je höher die Summen wurden, desto mehr entdeckten wir die bodenlose Korruption, die dort herrscht. Die ganze Finanzwelt ist hierarchisch strukturiert und wir entdeckten bei unserer Suche nach Investitionen im Laufe vieler Jahre, dass die Menschen korrupter wurden, je höher sie in dieser Hierarchie standen. Für mich stand aber Korruption immer außer Frage und lieber verzichtete ich auf die weitere Realisierung des Projekts, statt mich in irgendeine Abhängigkeit von diesem Sumpf zu begeben.

Die Entdeckung des Quantencomputers

Wie ich schon vorher im Abschnitt über Kohärenzforschung berichtet habe, hatten einige unserer befreundeten amerikanischen Forscher im Jahr 1990 ein Gerät zur Kartographie des Gehirns in USA angeschafft und nach Holland gebracht. Zu dieser Zeit war ich gerade an der Universität des Yogis tätig. Er hatte kurz vorher seine internationale Verwaltungszentrale von der Schweiz nach Holland verlegt.

Diese sogenannten ‚Brain Maps' auf der neuen Maschine waren sehr beeindruckend. In bunten Farben zeigten sie die Gehirnwellen-Amplituden verschiedener Frequenzbereiche an allen Stellen des Kopfes gleichzeitig. Der Yogi ließ mir ausrichten, dass ich mit den beiden amerikanischen Forschern wieder am EEG arbeiten sollte.

So trafen wir uns zu dritt zu einem wissenschaftlichen Spaziergang, ein Arzt, ein Psychologe und ich als Elektroniker und Computerexperte. Mir war klar, dass wir mit dem neuen Gerät viel erreichen könnten, sofern wir es richtig benutzten. Daher sprach ich sofort ein altes Thema an, mit dem ich im Elektroniklabor in der Schweiz viel zu tun hatte.

Es war die Frage der Referenzelektroden. Meine beiden Forscherkollegen nahmen dieses Thema nicht ganz ernst. Mir war es aber klar, dass es die Aussagekraft unserer Gehirnwellen-Messungen entscheidend beeinflusste. Im Allgemeinen schien es in der Gehirnforschung zu wenige Elektrotechniker zu geben. Da herrschte wohl zu oft der irrige Glaube, man könne eine Spannung an einem Punkt messen. Jeder Elektroniker weiß aber, dass dies natürlich nicht funktionieren kann, denn die Spannung ist definiert als die Potenzialdifferenz zwischen zwei Punkten.

So machte ich meinen Kollegen erst einmal klar, dass ihre Messungen nicht viel aussagten, solange sie eines oder beide Ohrläppchen als Referenz benutzten. Sie würden dann nämlich die Potenzialdifferenz zwischen dem Ohr und den Elektroden oben auf dem Kopf messen. Damit könnten sie keine klare Aussage über diese kleinen Spannungen treffen, die wir mittels angeklebter Elektroden auf der Kopfhaut maßen. Sie sagten mir, dass fast alle EEG-Forscher der Welt auf diese Art messen würden. Meine Antwort, dass dann fast alle EEG-Forscher der Welt falsche Messungen machten, konnte sie nicht so richtig überzeugen.

Diese minimalen Spannungsschwankungen zwischen den Elektroden auf der Kopfhaut wurden bis zu 100-tausendfach verstärkt und dann digitalisiert, damit ein Computer die Zahlen weiterverarbeiten konnte. Diese Daten wurden dann durch Spektralanalyse-Software geschickt, welche die Spannungen nach Frequenzen aufteilte. Die Frequenzbänder konnten wir an der Maschine frei wählen. Für jedes Frequenzband errechnete unsere neue Maschine je nach der Höhe der Spannungskurve eine andere Farbe. Diese farbigen Karten in der Form eines von oben betrachteten Kopfes druckte sie dann aus.

In meiner Situation, in der ich den Forscherkollegen die Grundlagen der Elektronik nicht richtig erklären konnte und sie sich auch überhaupt nicht dafür interessierten, kam mir ein Freund zu Hilfe, den ich einige Jahre vorher kennengelernt hatte. Lukas hatte gerade seine Diplomarbeit in Elektrotechnik an der Technischen Universität München beendet und bereitete sich jetzt auf seine Doktorarbeit vor. Er arbeitete weiterhin an der TU in München und besuchte uns immer an den Wochenenden in Holland.

An einem dieser Wochenenden im August 1990 nahm ich Lukas mit in den EEG-Untersuchungsraum und erklärte ihm die neue Maschine. Wir arbeiteten dabei mit aufgezeichneten Daten früherer Messungen. Innerhalb von drei Stunden machten wir eine völlig neue Entdeckung. Lukas kannte sich natürlich auch mit Frequenzen und Spannungen aus. Spektralanalyse ist ja ein wesentlicher Bestandteil eines Elektrotechnikstudiums.

Wir bemerkten, dass die Gehirn-Karten nur bei bestimmten Frequenzen symmetrisch waren und bei anderen nicht. Als Praktiker denkt man hier natürlich zuerst, dass vielleicht die Maschine einen Fehler hat. Das untersuchten wir dann auch gründlich. Es war aber kein Zweifel. Diese Messergebnisse waren echt. Sie zeigten sich bei mehreren verschiedenen Personen.

Allmählich wurde uns klar, dass wir hier eine grundsätzlich neue Entdeckung gemacht hatten. Mein Reflex war sofort, den amerikanischen Forscherkollegen davon zu berichten. Lukas sagte mir aber, dass wir diese Entdeckung schon selbst präsentieren sollten. Er wusste, wie das in der Uni so zuging. Wir beschlossen also, ein internes Forschungspapier zu schreiben, auf dem deutlich unsere Namen als Entdecker vermerkt waren.

Wir hatten entdeckt, dass es klare Frequenzen gab, in denen im Gehirn Links-Rechts-Symmetrien auftraten. Das erinnerte uns beide an Wahrscheinlichkeitsverteilungen der Elektronenwolken in Atomen. Also arbeiteten wir innerhalb einer Stunde das ganze Modell der Quantenzustände des menschlichen Gehirns aus. Als Beleg hatten wir einen 3 m langen Ausdruck mit den verschiedenen Symmetrien des Gehirns.

Damit liefen wir dann zum Besprechungsraum des Yogis, der gerade eine eher theoretische Konferenz über die Nutzung der neuen EEG-Maschine abhielt. Wir hatten es eilig und bekamen auch sofort Zutritt. So zeigten wir dem Yogi unseren langen Ausdruck mit den symmetrischen Karten des Gehirns. Unsere Theorie war, dass das Gehirn als makroskopisches Quantensystem genauso arbeiten konnte wie ein einzelnes Atom. Es hatte stabile Energiezustände bei bestimmten Frequenzen, die sich dann in diesen symmetrischen Ausdrucken zeigten.

Der Arzt und der Psychologe saßen daneben und verstanden nur noch Bahnhof. Hier kamen wir Nachwuchsforscher, ignorierten jegliche hierarchischen Strukturen und präsentierten unsere neuen Messergebnisse mit einer Erklärung aus der Quantenphysik. Es war erneut einer dieser Momente, wo alle staunten und dieses dann aber wie einen Traum schnell vergaßen, um wieder zur Tagesordnung überzugehen.

Lukas war damit dann auch schon zufrieden, aber mich lies das Thema nicht mehr so leicht los. Ich besorgte mir also die Datensätze der Brain Map Maschine und verarbeitete sie dann auf meinem PC weiter. Da gab es diese exzellente Mathematik-Software, bei der man nur die richtige Formel schreiben musste und dann die Daten automatisch entsprechend berechnet wurden. Das war wesentlich einfacher, als Software neu zu programmieren.

So grub ich mich über Monate lang immer tiefer in diese Daten hinein, bis ich einige weitere Entdeckungen machte. Die Gehirnwellen passten nicht nur zu einem einfachen Atommodell, sondern die Übereinstimmung ging noch viel weiter. Ich konstruierte einen Algorithmus, um die Symmetrie zu quantifizieren. Dadurch entdeckte ich exakte Frequenzen, welche zu einfach berechenbaren Energieniveaus passten. Zwischen diesen Energien fanden Quantensprünge statt. Ich konnte also tatsächlich die Quanteneigenschaften des Gehirns aus den EEG-Daten genau berechnen. Ich kam mir vor wie Niels Bohr, als er zum ersten Mal die Fraunhofer'schen Linien im Lichtspektrum berechnen konnte.

Das ganze Thema legte ich dann doch erst einmal auf meinen Stapel neuer Entdeckungen, um es zehn Jahre später wieder aufzugreifen. Es gab inzwischen einige theoretische Forscher, die vermuteten, dass das Gehirn auch als Quantencomputer funktionieren müsste. Sie haben ihre Theorien aber bisher niemals beweisen können. Im Jahr 2000 traf ich sie auf einer Konferenz über das Thema Bewusstsein in der schönen Stadt Luzern am Vierwaldstättersee. Dort sprach ich mit Ihnen über meine EEG-Messungen, welche die Existenz des Quantencomputers im Gehirn nachweisen könnten.

Das Konzept der Quantencomputer wurde vom Nobelpreisträger Richard Feynman in den 1950er Jahren entwickelt. Im Prinzip kann ein Quantencomputer unendlich schnell rechnen. Praktisch geht es aber nicht so leicht, weil niemand unendlich viele Daten in den Computer hinein bringen oder herausholen könnte. Zurzeit ist es ein ganz heißes Forschungsthema. Wer immer einen brauchbaren technischen Quantencomputer zustande bringen würde, hätte sich damit einen enormen Technologie-Vorsprung gesichert.

Auf diesem Hintergrund war meine Entdeckung des Quantencomputers im menschlichen Gehirn natürlich schon ein Durchbruch. Der Quantencomputer im Gehirn ist unsere Verbindung zur Unendlichkeit. Über den Quantencomputer können wir die Macht unseres Bewusstseins aktivieren. Sie entsteht erst aus der Erfahrung der Unendlichkeit in der absoluten Stille des Samadhi. Diese Stille ist nur dann vorhanden, wenn wir den Quantencomputer eingeschaltet haben. Was Neurologen als das Ruhenetzwerk im Gehirn bezeichnen, ist in Wirklichkeit ein unendlich leistungsfähiger Quantencomputer.

Es scheint so, dass wir alle mit diesen unendlichen Möglichkeiten ausgestattet sind. Wir müssen sie nur noch nutzen! Wie das praktisch funktioniert, werde ich im elften Kapitel unter dem Thema ‚Trainings‘ beschreiben.

Einheitliche Feldtheorien

Das Konzept des einheitlichen Feldes begleitet mich schon seit gefühlten 100 Jahren. Dahinter steht die Überlegung, dass die Natur in ihrem Innersten so einfach konstruiert sein müsste, dass sie mit nur wenigen mathematischen Gleichungen zu beschreiben sei. Aus diesen Gleichungen des einheitlichen Feldes sollten dann alle anderen Felder der Physik abzuleiten sein.

Dieses Thema hatte ich ja durch meinen Vergleich mit der Klangstruktur des Veda im Jahr 1982 dem Yogi nahegebracht. (Siehe dazu den Absatz über die Vedische Studiengruppe im Kapitel 6). Daraufhin hatte er einige bedeutende Forscher mit dem Thema betraut. Diese Forscher drangen in seinem Umfeld immer tiefer in die Geheimnisse des einheitlichen Feldes ein. Sie waren dann nach einiger Zeit felsenfest überzeugt, dass das einheitliche Feld identisch mit reinem Bewusstsein sei.

Leider konnten sie die führenden Quantenphysiker der Welt davon nicht so leicht überzeugen. Reines Bewusstsein wurde kein durchschlagender Erfolg in der Physik. Dennoch wurde aber die Erforschung des einheitlichen Feldes zum Ende des 20. Jahrhunderts immer mehr zu einem der wichtigsten Themen der Quantenphysik.

Einheitliche Feldtheorien sprangen wie Pilze aus dem Boden. Es gab sehr viele Varianten. Die beiden Hauptkategorien waren Stringtheorien und Schleifen-Quanten-Gravitation. Einige kritische Physiker behaupteten aber auch, dass es überhaupt noch keine Theorie des einheitlichen Feldes gab. Es waren lediglich Ansammlungen von Gleichungen, jedoch noch keine klar formulierten Theorien.

Das größte Problem der einheitlichen Feldtheoretiker war, die allgemeine Relativitätstheorie von Einstein mit der Quantenphysik zusammenzubringen. Dies war noch niemandem so richtig gelungen. Physiker wussten, dass die Relativitätstheorie vielfach bestätigt war, ebenso wie das Standardmodell der Quantenphysik. Beide waren separat betrachtet korrekt. Jedoch war es schwierig, eine einheitliche Basis zu finden, die für beide gleichermaßen anzuwenden war. Das lag hauptsächlich an den großen Unterschieden, wie diese zwei Bereiche der Physik die Raumzeit betrachteten.

Irgendwie hatte ich im Jahr 2005 die Intuition, hier noch viel tiefer zu forschen. So schloss ich mich mit einigen befreundeten, meditierenden Wissenschaftlern zu einer Online-Studiengruppe zusammen. Unser Ziel war es, die einheitlichen Feldtheorien genauer zu untersuchen und auch so weit wie möglich zu verstehen. Dabei entdeckten wir, dass die zwei führenden Physiker des Yogis verschiedene einheitliche Feldtheorien unterstützten. Ein einheitliches Feld in zwei Varianten kam uns dann doch etwas seltsam vor! Wir baten sie um eine Klärung, woraufhin sie sich dann auf nur eine Theorie einigten.

Bei unseren Diskussionen in der Online-Studiengruppe entdeckte ich eines Tages, was das größte Problem bei der Vereinigung von Quantenphysik und Relativitätstheorie war. Es war tatsächlich die Art, wie diese verschiedenen Zweige der Physik die Raumzeit beschrieben. Es gibt viele Arten mathematischer Räume. Mathematiker können neue Räume quasi nach Belieben konstruieren. Welche mathematischen Räume passten aber tatsächlich zum physikalischen Raum, bzw. zur Raumzeit unseres Universums? Zunächst einmal müssten die Räume vereinigt werden, erst dann könnte es möglich sein, alles andere, was in diesen Räumen passiert, ebenfalls zu vereinigen.

Ich wollte das noch viel genauer verstehen und so verordnete ich mir selbst mehrere Jahre Physik- und Mathematik-Nachhilfe. So begann ich, neben meinen Sanskrit-Studien, gleichzeitig auch alle meine Grundlagen der Physik und Mathematik aufzufrischen. Ich besorgte mir eine Menge Bücher über die aktuellsten Forschungsthemen der Physik. Außerdem belegte ich etliche Online-Studiengänge bekannter Physiker auf Nobelpreisträger-Niveau. Ich eignete mir auch wieder ein Grundlagenwissen diverser Spezialgebiete der Physik an, darunter Chaostheorie, Thermodynamik, die Dynamik des Solarsystems und eben auch die neuesten Erkenntnisse in Bezug auf einheitliche Feldtheorien.

Zusätzlich arbeitete ich mich auch intensiver in die höhere Mathematik ein, lernte erneut die gesamte Infinitesimalrechnung, diesmal aber mit der Sicht eines Menschen, der die Unendlichkeit aus eigener Erfahrung sehr gut kennt. Ich lernte wieder, partielle Differenzialgleichungen zu lösen und entdeckte dabei die Parallelen zum Transzendieren und zur Erfahrung der Siddhis. Die Macht des Bewusstseins konnte ich also mathematisch beschreiben.

Einige Jahre später zeichnete ich aus diesen Erkenntnissen einen Video-Mathematikkurs auf, der mit mathematischen Ausdrücken und mathematischer Präzision alle höheren Bewusstseinszustände beschrieb. Etliche Zuschauer haben mir von ihren spontanen Erfahrungen des Einheitsbewusstsein (Gehirnsoftware Version 7) beim Betrachten meines Kurses berichtet. Da war sie wieder, die schnelle Erleuchtung!

Diese schnelle Erleuchtung über die Mathematik fand ich besonders interessant. Der Yogi hatte nämlich auch einmal mit dem Gedanken gespielt, dass er anstelle einer Mantra-Meditation für sein Lehrsystem alternativ reine Mathematik hätte verwenden können. Mit der Macht des Bewusstseins war alles möglich!

Zusätzlich veröffentlichte ich im Jahr 2005 einen Online-Artikel im Veda-Magazin mit dem Titel ‚Vedische Wissenschaft kennt die Plancklänge‘. Darin erklärte ich, wie die Vedische Wissenschaft mit zwei kleinen Versen eine zahlenmäßig genaue Beschreibung der Plancklänge liefern konnte. Die Plancklänge ist die kleinste physikalisch sinnvolle Entfernungseinheit im Universum.

Ein weiteres Forschungsgebiet war für mich der aktuelle Stand der Technik bei der Softwareentwicklung. Software-Programmierung hatte ich schon in den Anfangszeiten der Computer gelernt. Es kamen immer wieder neue Sprachen hinzu, sodass ich im Jahr 2005 etwa zehn verschiedene Programmiersprachen beherrschte.

Mir fehlte aber noch das systematische Verständnis der sogenannten objektorientierten Programmierung. Auch dafür besorgte ich mir eine Menge Bücher und lernte es nach und nach. Diese Art zu programmieren war viel mehr als nur neue Software. Es war die menschliche Errungenschaft, beliebige Komplexität beherrschen zu können.

Nach all meiner intensiven, jahrelangen Beschäftigung mit dem aktuellen Wissensstand der Physik, kam ich zur Überzeugung, dass Physiker noch etliches von den Softwareentwicklern lernen könnten. Ihre Physik war über die Jahrzehnte viel zu komplex geworden und sie hatten bei ihrer Ausbildung nicht gelernt, diese Komplexität systematisch zu beherrschen.

Die Physik des einheitlichen Feldes litt an einem Komplexitätsproblem! Um dieses zu lösen, kam mir immer wieder der Gedanke, dass die großen Forschungsinstitute einfach nur einige hundert exzellente Software-Entwickler einstellen sollten, welche dann mit ihren Methoden diese Komplexität des einheitlichen Feldes lösen könnten. Dadurch wären ganz neue Erkenntnisfortschritte in der Physik möglich.

Zwölf Jahre später gelang mir selbst ein solcher Erkenntnisdurchbruch. Es war nicht nur wahrscheinlich, dass exzellente Software-Entwickler die einheitliche Feldtheorie in den Griff bekommen könnten, sondern das Universum selbst hielt noch ein Geheimnis versteckt. Die Quantenebene war nicht die letzte Realität, sondern im Hintergrund gab es da noch eine einflussreiche Informationsebene der Naturgesetze.

Die Entdeckung des kosmischen Computers

Die Entdeckung des kosmischen Computers gelang mir im Jahr 2016 beim Schreiben des Buchs ‚Gehirnsoftware‘, worüber ich im zehnten Kapitel noch berichten werde. Dabei ging es um die Übersetzung der Yoga Sutras von Patanjali. Der Autor Patanjali und die Kommentatoren Veda Vyasa und Shankara benutzten eine sehr exakte Sprache. Es war mir klar, dass es sich hier um Vedische Wissenschaft handelte und nicht um irgendeinen religiösen Kontext.

Bei meinen Übersetzungen kam ich dann in eine gewisse Schwierigkeit, als im ersten Kapitel der Yoga Sutras von himmlischen Welten und von Ishvara, dem ‚Besten Herrscher‘ gesprochen wurde. Wie sollte ich das übersetzen, ohne den sicheren wissenschaftlichen Boden zu verlassen?

Meine Kommunikation mit Ishvara hatte ich schon jahrelang geübt und ich konnte mich darauf verlassen, von ihm immer gute Ratschläge zu erhalten. Er zeigte mir die himmlischen Welten und wo sie in der Größenskala der Physik einzuordnen waren.

Da gibt es diesen Bereich zwischen der kleinsten physikalischen Entfernung, der Plancklänge und dem minimalen Durchmesser des kleinsten materiellen Teilchens, dem Elektron. Dieses sind 16 Zehnerpotenzen in jeder Richtung des Raums. In diesem Größenbereich spielt Materie keine Rolle. Dort gibt es nur Energiewellen und Informationsübertragung. Dieses erkannte ich als die physikalische Entsprechung der himmlischen Welten. Sie sind wesentlich vielfältiger als alle irdischen, dreidimensionalen Welten und gleichzeitig durchdringen sie diese in ihrem Innersten.

Wie konnte ich aber den ‚Besten Herrscher' physikalisch oder mathematisch verstehen? Beim Übersetzen der Yoga Sutras erklärte er mir seine Macht. Er ist derjenige, der die Vakuumenergie kontrolliert. Vakuumenergie ist eines der großen ungelösten Rätsel der Physik. Es gibt kaum jemanden, der versteht, warum die Berechnungen der Vakuumenergie solch enorm hohe Werte zeigen, während sie in Messungen fast nicht auftaucht. Ishvara, der ‚Beste Herrscher' zeigte mir, warum das so ist. Er kann diese Vakuumenergie vollständig kontrollieren, sodass sie nicht andauernd neue Universen erschafft, sondern stattdessen nur ganz still da ist.

Die Macht des Bewusstseins ist jene gigantische Macht, die sich im gesamten Universum durch die Beherrschung der Vakuumsenergie zeigt. In 1 cm^3 des leeren Raums ist in unmanifester Weise die gesamte Massenenergie von 100.000.000.000.000.000.000.000.000.000.000.000.000 Universen enthalten. Das ist eine 1 mit 38 Nullen. Soweit reicht die Macht des Bewusstseins!

Nun wollte ich wissen, wie das geschieht und Ishvara erklärte mir die neuesten Erkenntnisse der Quantenphysik. Immer mehr Quantenphysiker vermuten zurzeit, dass hinter der Quantenphysik noch eine andere Ebene der Realität existieren muss. Bei der Beschreibung bestimmter Elementarteilchen hatte sich nämlich gezeigt, dass sie sich verhalten, als würden sie einem Computer-Fehlerkorrektur-Code folgen. So entwickelte sich in den letzten Jahren das Verständnis, dass die Quantenebene von einer Informationsmatrix gesteuert wird. Albert Einstein und Niels Bohr hätten ihre helle Freude daran, sich darüber noch einmal trefflich zu streiten.

Inzwischen schließen sich aber immer mehr Quantenphysiker diesem neuen Verständnis an. Ich habe es mit meinem Wissen der Samhita Computer noch etwas weiter gedacht. Jedes genügend große Informationsnetzwerk, das Informationen speichern und weiterleiten kann, muss automatisch wie ein Computer funktionieren. Das lässt sich auch mit dem Theorem der Universalen Turing Maschine zeigen.

Also können wir dieses Informationsnetzwerk, welches im Universum existieren muss, auch als einen kosmischen Computer bezeichnen. Jetzt erinnerte ich mich, dass Jahrzehnte früher der Yogi diesen Begriff geprägt hatte. Er hatte ein einziges Video aufgenommen, in dem er über den kosmischen Computer sprach. Er hatte den Begriff aber nicht ausführlich erklärt. Jetzt endlich verstand ich, was er damit gemeint hatte. Dieser kosmische Computer ist das intelligente Informationsnetzwerk, welches die ganze Welt von innen heraus steuert.

Es ist möglich, mit dem kosmischen Computer direkt zu kommunizieren und auf diese Weise auf alles Wissen zuzugreifen. Der Yogi hatte oft vom ‚Heim allen Wissens‘ gesprochen. Nun verstand ich auch diesen Begriff und vor allem wusste ich, wie ich praktisch darauf zugreifen konnte. Das war wieder vollendete Macht des Bewusstseins!

Heute kann sie jeder erlernen, wie ich es im Kapitel 11 über meine Trainings berichte. Die Intuitionsversion der Gehirnsoftware erlaubt diesen direkten Zugriff zum kosmischen Computer.

8

Warum funktionierten die Siddhis nicht zuverlässig?

Unzuverlässige Ergebnisse

Ab dem Jahr 2002 lebte ich etwa zwei Jahre lang in England, dann wieder einige Zeit in Deutschland und dann noch mal neun Jahre lang in England. Mein Freund Robert hatte mich inspiriert, in England zu bleiben, um die Finanzierungen für zukünftige Unternehmen auf die Beine zu stellen.

Wir meditierten beide und übten auch beide regelmäßig die Siddhis. Diese Siddhi-Praxis machte ich nun schon seit 27 Jahren und sollte sie auch noch weitere drei Jahre so fortsetzen. Eines Tages kamen uns aber echte Zweifel, ob wir hier noch auf dem richtigen Weg waren. Wir hatten beide eine Elektronikingenieur-Ausbildung und waren gewohnt, präzise zu denken und mit unseren Aktivitäten auch Ergebnisse zu erzielen.

Bei den Siddhis gab es aber keine verlässlichen Ergebnisse. Manchmal funktionierten sie, manchmal nicht. Es war auch nach diesen vielen Jahren der Übung irgendwie nicht vorhersagbar, wann die Siddhis richtig funktionierten. Unsere Siddhi-Übungen zeigten keine Lernkurve.

Bei der Meditation, die wir schon viel länger geübt hatten, war es anders gewesen. Im Laufe der Zeit wurde die Stille in der Meditation immer tiefer und immer länger anhaltend. Diese stetige Verbesserung sahen wir aber bei den Siddhis nicht. Es waren immer völlige Zufallsergebnisse. Ganz selten brachten einige wenige Siddhis die Ergebnisse, wie sie Patanjali vorhergesagt hatte. Dabei entdeckte ich sogar nach 27 Jahren nicht wirklich, woran das lag. Während der Siddhi-Praxis kam schon eine gewisse Ruhe, die hätte man aber auch mit einer längeren Meditation erreichen können.

Ich hatte die Siddhis in diesen 27 Jahren wirklich in vielen verschiedenen Situationen geübt. Ich hatte sie direkt im Haus meines Yogis geübt, in kleinen Gruppen, in der Familie, in etwas größeren Gruppen mit bis zu 50 Leuten, auf Kursen mit 2000 bis 8000 Leuten, auf verschiedenen Kontinenten, in vielen Ländern Europas, in USA, Südamerika, Afrika, Indien, China, Russland und auch auf den Philippinen. Ich hatte Siddhis in verschiedenen Klimazonen geübt, in gemäßigten Klimazonen Europas, in heißen Sommern am Meer in Italien oder Kroatien oder Südfrankreich, in kalten, dunklen

Wintern in Skandinavien oder auch unter der Mitternachtssonne in den hellen Sommern Skandinaviens, in der Gluthitze Afrikas, oder in der heißen, schwülen Regenzeit in Indien, wo man sich fünfmal am Tag duschen musste. Ich hatte sie in der frischen Luft auf Inseln in der Nordsee oder an der Ostsee geübt, in frischer Bergluft und auch im sanften Klima von Alpenseen.

Ich hatte die Siddhis zeitweise morgens drei Stunden lang und abends zwei Stunden lang geübt. Ich übte sie einige Jahre lang in einer Klosterumgebung mit einem ganz regelmäßigen Tagesablauf, übte sie aber auch mit einem eher hektischen Tagesablauf, während ich in meinen eigenen Unternehmen arbeitete.

Daher kann ich mit Sicherheit sagen, dass kein äußerer Umstand die Erfahrung der Siddhis verbessert hätte. Es konnte auch nicht daran liegen, dass ich die Siddhis zu wenig geübt hätte. Ich übte die Siddhis meistens etwa zwei Stunden pro Tag, und zwar jeden Tag. Einige Jahre lang übte ich sie aber auch fünf Stunden am Tag. Da kommen für mich schon so etwa 20.000 Stunden zusammen. Zu wenig Übung kann es bei mir also nicht gewesen sein.

Heute bin ich völlig davon überzeugt, dass es nicht die Länge der Übungszeit ist, die über den Erfolg oder Misserfolg der Siddhis entscheidet. Niemand muss heute mehr hunderte oder tausende von Stunden üben, um mit den Siddhis zum Erfolg zu kommen. Viel entscheidender ist die Klarheit des Wissens. Es musste wirklich an meiner Art der Praxis gelegen haben, wenn sie bei mir nicht so funktionierten, wie Patanjali vorhergesagt hatte.

Das Fliegen

Unter den Siddhis gab es eine mit einer gewissen Sonderstellung. Diese war die Yoga-Levitation. Wir nannten sie nur das Fliegen. Einige Besonderheiten dieser Siddhi waren, dass ...

1. sie fast niemand richtig beherrschte,

2. der Yogi besonderen Wert auf diese Siddhi legte,

3. wir sie vorzugsweise in Gruppen übten,

Das Fliegen

4. wir spezielle Flugräume dafür eingerichtet hatten,

5. wir sie viel länger als die übrigen Siddhis übten,

6. und vor allem, dass wir sie etwas anders praktizierten als die übrigen Siddhis.

Diese Siddhi hatte ich nur ein einziges Mal bei einer Person erfolgreich gesehen. Siehe den Abschnitt ‚Die fliegende Frau' im Kapitel 4. Fast niemand sonst, auch nicht mein Freund Robert, hatte jemals eine Person über längere Zeit levitieren gesehen. Es gab da nur solche Gerüchte, dass es möglich sein sollte und dass ganz am Anfang in den Jahren 1976 und 1977 einige Leute beim Levitieren gesehen wurden.

Später hat sich dieses Fliegen, wie wir es optimistisch bezeichneten, immer mehr nur als ein ganz einfaches Hüpfen auf Schaumstoffmatratzen herausgestellt. In meinen 20.000 Übungsstunden hatte ich, abgesehen von einer Ausnahme, nie jemanden für längere Zeit levitieren gesehen.

Daraus ergab sich eine Reihe von Fragen. Was war damals in der Anfangszeit anders? Benutzten die Praktizierenden damals eine andere Methode? Oder war es damals diese Aufbruchstimmung, in der alles möglich erschien? Spielte unser Verstand hier eine größere Rolle als wir meinten? Blockierten wir uns selbst dadurch, dass wir es für unmöglich hielten?

Wir hatten uns daran gewöhnt, dass dieses Fliegen einfach nur ein Hopsen war und der Ausdruck ‚Fliegen' eben nichts anderes als positives Denken. Mit positivem Denken allein ließ sich der Effekt aber nicht erreichen. Wir konnten noch so oft vom Fliegen reden, dadurch wurde es noch nicht zum Fliegen. Da fehlte noch etwas anderes, etwas Wesentliches.

Eines war bei der Siddhi des Fliegens ganz anders als bei den anderen Siddhis. Wir übten sie zwar wie die anderen Siddhis auch durch einen Denkvorgang, dennoch kamen bei den Neulingen dadurch noch keine Bewegungen zustande. Sie mussten erst einmal in einer Gruppe üben. Erst dadurch entstand das Hopsen, das heißt ein nach oben und vorwärts Bewegen. Die Neulinge imitierten sozusagen die Bewegungen der anderen, die es schon länger konnten.

Später habe ich dieses Phänomen noch ganz genau untersucht und dieses Folgen eines Aufwärtsimpulses hatte eigentlich gar nichts mit der Siddhi-Praxis zu tun, wie wir sie gelernt hatten. Die Aufmerksamkeit direkt auf einen Impuls zu richten, war vielmehr die ursprüngliche Methode Patanjalis.

Unser Yogi empfahl später, bei einigen fortgeschrittenen Kursen, bewusst diesem Aufwärtsimpuls mit unserer Aufmerksamkeit zu folgen. Damit modifizierte er bereits seine anfängliche Technik, bei der es nur um das Denken von Worten ging. Und genau dieses gedankliche Folgen eines aufwärtsgehenden Impulses hat so wunderbar funktioniert. Während der gemeinsamen Flugübungen hatten wir eine enorme Freude. Wir waren danach immer wieder mit Glückseligkeit aufgeladen.

Diese Erkenntnisse, was an der ersten Technik des Yogis hier bewusst oder unbewusst modifiziert wurde und sie dadurch etwas erfolgreicher gemacht hat, hatte ich erst viel später. Sie kamen erst nachdem ich die Yoga Sutras des Patanjali genau studiert hatte. Dazu aber noch mehr im nächsten Kapitel.

Der Einfluss der Sprache

Robert und ich unterhielten uns im Jahr 2004 einmal sehr gründlich über unsere Siddhi Erfahrungen. Das Fliegen war die einzige Siddhi, bei der auch andere Personen direkte Ergebnisse sehen konnten. Das war wohl ein weiterer Grund, warum der Yogi das Fliegen so sehr betont hatte. Robert und ich stellten dann bei unseren Gesprächen unverblümt fest, dass es bei uns noch nicht richtig funktionierte. Dabei waren wir beide am Anfang sehr fleißige Yogis. Wir gehörten beide zu denjenigen, die in der Anfangszeit die größten und weitesten Sprünge machten. Robert war sogar jemand, der in einer lokalen Zeitung anlässlich einer Flugvorführung groß mit seinem Bild erschien, während er einen riesigen Hüpfer machte.

Im Lauf der Jahre hatte der Enthusiasmus aber nachgelassen und man hüpfte immer noch so ein bisschen auf der eigenen Schaumstoffmatratze herum, fühlte sich gut dabei, aber hatte nicht mehr die Ambition, aus dem

Hüpfen heraus irgendwann einmal in richtiges Fliegen überzugehen. Es hatte einfach auf diese Weise tausende Stunden lang nicht funktioniert und warum sollte man da noch etwas Neues probieren?

Wir wurden uns also klar darüber, wenn wir einfach nur so weitermachen würden, kämen wir aus diesem Stadium des Hüpfens bis an unser Lebensende nicht mehr heraus. Das war für uns beide eine sehr ernüchternde Feststellung, die uns allerdings dazu motivierte, weiter zu forschen.

So begannen wir unsere Experimente, um eine wirkungsvollere Methode zu finden. Die Siddhi-Methode, die uns unser Yogi gelehrt hatte, bestand einfach nur darin, bestimmte Worte zu denken und dann für etwa 15 Sekunden zu warten und das Ganze mehrmals zu wiederholen. Die Idee dahinter war, dass wir aufgrund einer vorherigen Meditation immer automatisch in dieses stille Bewusstsein eintauchen würden und dadurch das Ergebnis der Siddhi-Übung zustande kommen würde.

Leider funktionierte es aber nicht so, zumindest nicht bei mir und nicht bei hunderten meiner meditierenden Freunde, die ich bezüglich ihrer Praxis mit den Siddhis befragt hatte. Bei Robert funktionierte es auch nicht so und daher überlegten wir uns, ob es wohl an der Sprache lag?

Ich hatte meine Siddhis zwar ursprünglich vom Yogi in Englisch gelernt, dennoch hörte ich aber später, dass es sinnvoll sei, diese in der Muttersprache zu üben. Das probierte ich zunächst, übersetzte mir alle meine Siddhi-Wörter auf Deutsch und praktizierte damit einige Zeit. Es funktionierte aber auch nicht besser. Dann probierte ich es noch in meinem ursprünglichen Heimat-Dialekt, auf Fränkisch. Das hörte sich nun für mich lustig und vertraut an, es brachte aber keine besseren Ergebnisse.

Nun beschlossen Robert und ich, dass vielleicht die Siddhi-Praxis in der Sprache Sanskrit besser gehen könnte. Wir gingen also los in eine Bibliothek, in der es die Yoga Sutras des Patanjali im Sanskrit-Original gab. Zunächst nahmen wir uns die Siddhi für die Yoga-Levitation vor. Ich wusste, dass alle diese Siddhi-Wörter im dritten Kapitel der Yoga Sutras zu finden waren. Wir schrieben uns diesen Sanskrit-Text ab und lernten ihn auswendig.

Immer noch keine richtigen Ergebnisse

Wir praktizierten die Siddhi für das Fliegen etwa eine Woche lang in Sanskrit. Zunächst dachten wir, dass wir hiermit bessere Ergebnisse erzielten. Allmählich setzte dann aber wieder die Ernüchterung ein und es war wirklich kein neuer Durchbruch zu entdecken. Die Sprache machte also tatsächlich keinen Unterschied.

In den 27 Jahren vorher hatten wir ja schon so viele Varianten probiert. Ganz lange Meditationen vor den Siddhis, einen enorm geregelten Tagesablauf, frühes Zubettgehen und frühes Aufstehen (ein besonderer Tipp, den mir der Yogi einmal gegeben hatte), besonders ausgeglichene Ernährung, langes Hören der Vedischen Rezitationen und vieles mehr.

All das hatte nichts genutzt und brachte keine sichtbaren Ergebnisse bei der Siddhi-Praxis. Vor allem das Fliegen kam aus diesem Stadium des Hüpfens nicht heraus. Auch da haben wir vieles in Gruppen probiert, Anreize gesetzt, wie zum Beispiel aufeinander gelegte Schaumstoffmatratzen, um höher zu hüpfen, Rennbahnen, Siddhi-Olympiade, usw. Am Ergebnis hatte es im Wesentlichen nichts geändert. Unser sogenanntes Fliegen geschah immer noch am Boden und war eben nur eine etwas verrückte Sportart.

Der Yogi hatte uns inspiriert, unserer Sportart auch einen besonderen, tieferen Sinn zu geben, indem er behauptete und auch wissenschaftlich nachweisen ließ, dass diese Gruppen von Yogis durch ihr Fliegen zum Weltfrieden beitragen würden. Die wissenschaftlichen Untersuchungen bewiesen zwar, dass in der Nähe dieser Yogi-Flieger Kriege und Konflikte abnahmen. Sie bewiesen aber nicht, ob dieser Effekt durch die langen Meditationen in großen Gruppen, speziell durch die Siddhis oder noch spezieller durch die Siddhi des Fliegens zustande kam.

Nach all unseren Sprach-Experimenten funktionierten weder bei Robert noch bei mir irgendwelche Siddhis einfacher oder klarer oder verlässlicher. So beschäftigte ich mich nochmals mit einer zusätzlichen Information, die ich öfters vom Yogi in seinen Vorträgen gehört hatte. Er inspirierte uns immer wieder dazu, dieses Denken der Siddhi-Worte von der feinsten Ebene des Denkens aus durchzuführen. Er sagte uns immer wieder, es sei eine Aktivität im Samadhi, in der Stille.

Bei unserer Meditation verfeinerte sich das Mantra (ein Wortklang) automatisch. Da mussten wir nichts weiter dazu tun. Aber wie denkt man ein Wort auf der feinsten Ebene des Denkens? Das war eine Frage, die ich mir in den vorherigen 27 Jahren schon sehr oft gestellt hatte. Was bedeutet eine feinere Ebene des Denkens überhaupt?

Also experimentierte ich damit auch noch eine ganze Zeit lang. Robert tat das auch und wir verglichen immer wieder unsere Ergebnisse. Eine Art des feineren Denkens wäre zum Beispiel, den Gedanken ganz leise zu denken. Eine andere Art wäre, den Gedanken so schnell zu denken, dass er wie zu einem Punkt würde. Es wäre dann nur ein Gedankenimpuls, bei dem die Laute der Worte zwar irgendwie alle drin wären, aber nicht mehr einzelnen unterscheidbar wären. Eine andere Art wäre vielleicht, die Worte so schnell hintereinander immer wieder zu wiederholen, dass sie wie zu einem sprachlichen Rauschen würden.

All diese Varianten probierten wir, kamen aber zu dem Schluss, dass nichts von alledem half. Die Siddhi-Ergebnisse wurden dadurch immer noch nicht zuverlässig. Ich hatte früher zwar ab und zu Siddhi-Ergebnisse, wie ich sie in den vorherigen Kapiteln beschrieben habe, zum Beispiel bei der Siddhi des inneren Lichts oder bei der Erforschung früherer Leben. An dieser Stelle hatte ich aber keinen blassen Schimmer, warum diese Ergebnisse ab und zu zustande kamen, die meiste Zeit jedoch nicht.

Siddhi-Auffrischungskurs

Jetzt blieb noch eine Sache übrig, die ich noch nicht untersucht hatte. Lag es vielleicht daran, dass die Methode, wie die Siddhis gelehrt wurden, sich verändert hatte? Hatten vielleicht die wenigen, speziell ausgebildeten Siddhi-Lehrer bei der Weitergabe der Methode irgendwelche Fehler gemacht? Ich wusste von meiner eigenen Meditationslehrer-Ausbildung, dass der Yogi solche Sachen nicht dem Zufall überließ. Die wesentlichen Teile der Lehre mussten wir immer auswendig lernen. Das wäre bei den Siddhi-Lehrern wohl auch nicht anders gewesen.

Außerdem hatte ich ja auch meine Siddhi-Ausbildung direkt von Audiokassetten bekommen, die der Yogi in Englisch selbst gesprochen hatte. Ich konnte und kann mich immer noch sehr gut auf mein Gedächtnis verlassen und hatte mir diese Original-Anweisungen wortwörtlich gemerkt.

So blieb noch eine Möglichkeit, dass nämlich der Yogi vielleicht zwischenzeitlich die Anweisungen modifiziert hatte. Ich wusste, dass er auf den ersten Siddhi-Kursen noch ein gewisses Experimentierfeld zuließ, sodass die damaligen Kursteilnehmer etwas freier im Umgang mit der Anwendung der Methode waren.

Also investierte ich noch mehr Zeit und Geld und nahm an einem Siddhi-Auffrischungskurs teil, um ganz sicherzustellen, dass ich hier keinen wesentlichen Punkt übersehen hatte. Auf dem Kurs sahen wir Videobänder vom Yogi, in denen er uns darauf trainierte, was es bedeutete, 15 Sekunden lang zu warten. Er hielt uns also tatsächlich für so blöd, dass wir nicht in der Lage wären, 15 Sekunden abzuschätzen. Die Worte, die zu denken waren, wurden von unseren indischen Siddhi-Lehrern nochmals individuell überprüft. Ich hatte 27 Jahre zuvor insgesamt 18 verschiedene Siddhis gelernt und kannte noch jedes dieser Wörter. Sie hatten sich auch nicht geändert.

Jedoch wurde der Effekt, den die einzelnen Siddhis haben sollten, welchen wir ursprünglich noch lernten, gar nicht mehr erwähnt. Ähnliches hörte ich dann über Siddhi-Lehrer, die durch die Welt zogen und sogar behaupteten, dass keine besonderen Ergebnisse notwendig seien.

Scheinbar interessierten sich die Siddhi-Lehrer gar nicht mehr für die spezifischen Effekte der Siddhis, sondern nur noch für die zunehmende Stille. Dabei hatte ich aber vorher vom Yogi gehört, dass die Praxis erst dann richtig sei, wenn die spezifischen Effekte auch einträten. Das Ganze wurde allmählich richtig skurril und erinnerte mich immer häufiger an die Fabel des griechischen Dichters Äsop vom Fuchs und den Weintrauben.

Ein Fuchs, der auf die Beute ging,

fand einen Weinstock, der voll schwerer Trauben

an einer hohen Mauer hing.

Sie schienen ihm ein köstlich Ding,

allein beschwerlich abzuklauben.

Er schlich umher, den nächsten Zugang auszuspähn.

Umsonst! Kein Sprung war abzusehn.

Sich selbst nicht vor dem Trupp der Vögel zu beschämen,

der auf den Bäumen saß, kehrt er sich um und spricht

und zieht dabei verächtlich das Gesicht:

Was soll ich mir viel Mühe nehmen?

Sie sind ja herb und taugen nicht.

So ähnlich kamen mir dann auch all die vergeblichen Versuche vor, Siddhis zu üben. Dazu kamen noch die Anweisungen, striktes Stillschweigen über die Erfahrungen zu bewahren. Somit wurden die fehlenden Erfahrungen niemals thematisiert und mehr als 90 % der Praktizierenden gaben die Siddhis nach einiger Zeit wieder auf. Viele von ihnen setzten Ihre Meditation weiter fort und waren damit zufrieden. Sie redeten sich selbst ein, dass sie in ihrer Bewusstseinsentwicklung einfach noch nicht weit genug waren, und daher die Siddhis bei Ihnen nicht funktionieren könnten. Diese Ausrede hatte ich aber schon lange nicht mehr, denn der Yogi hatte mir ja bereits 1988 den höchsten Bewusstseinszustand bestätigt.

Auch die andere Ausrede, wie es mir erschien, dass nämlich das Weltbewusstsein einfach noch nicht reif sei für die Erfahrung der Siddhis, war mir immer weniger plausibel. Selbst auf den größten Versammlungen von Siddhi-Praktizierenden, von denen ich keine einzige ausließ, änderte sich an den Siddhi-Erfahrungen tatsächlich nichts. Es war zwar in einer großen Gruppe auch eine größere Stille da und es gab auch manchmal diese euphorischen Wellen, bei denen hunderte gleichzeitig synchron hüpften, dennoch blieb das Hüpfen immer noch erdgebunden.

Irgendwie hatte ich aber eine Intuition, dass ich das Geheimnis der Siddhis schon noch herausfinden würde. Meine Unbesiegbarkeit war immer noch da und somit war ich überzeugt, dass ich dieses Rätsel irgendwann einmal lösen würde. Meine Forschung war also noch nicht beendet!

9

Die Übersetzung des Originals führt zum Erfolg

Vedische Astrologie

Im Jahr 2003 zog ich von England wieder zurück nach Deutschland und blieb dort für die nächsten sieben Jahre. Meine Erforschung der Siddhis hatte ich zunächst etwas zurückgestellt. Stattdessen begann ich mich intensiver mit Jyotish, der Vedischen Astrologie auseinanderzusetzen. Ich studierte das wichtigste Werk von Parashara, dem Begründer der Vedischen Astrologie. Darin werden die genauen Formeln beschrieben, um aus den Positionen und Bewegungen der Himmelskörper das Schicksal von Menschen abzulesen.

Ich hatte mir schon im Jahr 2001 eine Jyotish-Software besorgt und übte immer wieder, Horoskope richtig zu interpretieren. Nun interessierte mich aber auch die ganze Theorie hinter dieser Praxis. In der Praxis trafen die Vorhersagen nämlich erstaunlich gut zu. Das war für mich als Wissenschaftler zunächst einfach nur eine empirische Beobachtung. Ich konnte aber noch nicht genau begründen, warum dies zutraf und wie dieses Wissen in mein naturwissenschaftliches Weltbild einzuordnen war.

In den zwei Jahren in England war ich mit Robert fast über die ganze Insel gereist, um an Wochenenden auf den sogenannten Mind-Body-Spirit-Fairs meine Vedischen Astrologiekenntnisse anzuwenden. Wir boten auf solchen Messen in vielen verschiedenen Städten in England und in Wales meine Dienste an und betonten die Wissenschaftlichkeit der Vedischen Astrologie. Robert war der Verkäufer und ich war der Astrologe. Es gab immer wieder erstaunte Gesichter über die Genauigkeit der Vorhersagen, die ich damit treffen konnte. Westliche Astrologie konnte mit dieser Genauigkeit einfach nicht mehr mithalten. Vor allem die Zukunftsvorhersagen konnten prinzipiell tagesgenau erfolgen, sofern die Geburtszeit exakt stimmte.

Für mich waren diese empirischen Beobachtungen nun inzwischen unumstößlich. Es war sicher, dass eine Verbindung zwischen den Stellungen der Himmelskörper und dem Schicksal der Menschen bestand. Mir war aber durchaus klar, dass die moderne Wissenschaft davon nichts wissen wollte. Das liegt wohl hauptsächlich daran, dass die moderne Astronomie keinerlei

Anhaltspunkte hat, wie eine solche Beeinflussung des Schicksals stattfinden könnte.

Und genau da machte ich eine neue Entdeckung. Während ich die Genauigkeit meiner Astrologie-Software überprüfte, untersuchte ich auch die bis dahin exaktesten Berechnungsmethoden für die Positionen der Himmelskörper. Da gab es bereits Software, welche die Position des Mondes auf 3 Meter absoluter Distanz genau berechnen konnte und die Positionen von Planeten auf 10 Meter genau. In dieser Software war das präziseste astronomische Wissen von heute verarbeitet.

Einer der wesentlichen Faktoren ist dabei, dass sich ja nicht nur die Planeten bewegen, sondern auch die Sonne. Die Sonne bewegt sich zwar immer entgegengesetzt zum jeweiligen Planeten, nur nicht so weit, weil sie eine viel höhere Masse hat. Die Sonne tanzt also mit allen Planeten gleichzeitig. Sie vollführt eine komplexe Bewegung durch den Hintergrundsraum, mit welcher sie gleichzeitig alle Planetenbewegungen ausbalanciert. Der einzige fixe Bezugspunkt ist das gemeinsame Massenzentrum von Sonne und allen Planeten. Dieses Massenzentrum des gesamten Solarsystems ist nicht identisch mit der Mitte der Sonne. Alles tanzt um dieses Massenzentrum herum. Auch die Sonne selbst bewegt sich um dieses Massenzentrum herum.

Um das Phänomen genau zu verstehen, besorgte ich mir Bücher mit den astronomischen Formeln zur Berechnung der Planeten im Sonnensystem. Durch die Bewegung der Sonne übertragen sich nämlich die Bewegungen aller Planeten auch auf die Erde und beschleunigen die Erde entsprechend der Positionen aller Planeten in genau berechenbare Richtungen und mit berechenbaren Beschleunigungen. Das ergibt einen Quanteneffekt, den ich aufgrund astronomischer Formeln genau berechnen konnte. Dieser Quanteneffekt hat Auswirkungen auf das gesamte Leben auf der Erde. Vielleicht werde ich diese Entdeckung noch einmal in einem eigenen Buch veröffentlichen. Für mich wurde damit die Astrologie wieder zu einem Teil meines naturwissenschaftlichen Weltbilds.

Da die Genauigkeit der Vorhersagen immer vom exakten Geburtszeitpunkt abhängen, erschien es mir sinnvoll, zunächst einmal eine Geburtszeit-Korrektur durchzuführen. Wolfgang, ein Freund von mir, der schon viel früher als ich die Vedische Astrologie studiert hatte, behauptete, dass er die Geburtszeit nicht nur auf eine Sekunde, sondern sogar auf eine Millisekunde genau korrigieren könnte.

Von dieser Entdeckung hatte ich bei einer Gelegenheit in Indien einmal dem Yogi erzählt und er hatte mich mit seiner Antwort für Wolfgang auf die Vedische Literatur hingewiesen, in der das Phänomen beschrieben ist. Das ist die Brihat Parashara Hora Shastra, das Hauptwerk des Vedischen Sehers Parashara. Außerdem wünschte er Wolfgang noch viel Glück, um mit seinen exakten Berechnungen vielen Menschen zu helfen. Ich richtete ihm diese Nachricht aus und er freute sich darüber.

So begann ich im Jahr 2005 mein erstes Onlinegeschäft einzurichten mit dem Angebot, Geburtszeiten auf die Sekunde genau nachzukorrigieren. Das erschien mir wichtig als Basis für genaue Vorhersagen. Dieses Online-Geschäft betrieb ich dann bis 2009 und lernte dabei nicht nur immer exaktere Astrologie, sondern nebenbei auch das moderne Internet kennen, das Erstellen eigener Webseiten, Suchmaschinen-Optimierung usw. Nach einiger Zeit hatte ich ganz gute Einnahmen über meine Webseite birthtime.info. Zusätzlich machte ich aber auch Tausende von Horoskopen, sodass mir das Erstellen und Interpretieren von Horoskopen immer leichter fiel.

Außerdem folgte ich ebenfalls dem Hinweis, den mir der Yogi für Wolfgang gegeben hatte und studierte Parasharas Werk über die Vedische Astrologie. Dabei entdeckte ich, dass die handelsübliche Software für Vedische Astrologie noch einige erhebliche Fehler beinhaltete, welche ich nun bei meinen eigenen Berechnungen wieder korrigieren konnte.

Zusätzlich benutzte ich eine Anpassung an den jeweiligen Wohnort der Astrologie-Klienten. Diese sogenannte Astrokartographie hatten Forscher vor einigen Jahren in der westlichen Astrologie entdeckt und die Anpassung auf die Vedische Astrologie erschien mir sehr sinnvoll. Es funktionierte wunderbar und ich konnte die Effekte bei meinen Klienten, die manchmal ein Leben lang über die ganze Welt gereist waren, immer wieder mit großem Erfolg für die Geburtszeit-Korrektur anwenden.

Sogar bei Parashara fand ich diese Formeln der Astrokartographie wieder, jedoch nur im Sanskrit-Original, denn die Übersetzer hatten die Formeln einfach falsch interpretiert. Damit wurde die Astrokartographie für mich zu einem Teil des Vedischen Wissens und ich konnte sie guten Gewissens immer anwenden.

Durch diese Arbeit mit der Vedischen Astrologie hatte sich auch mein Weltbild verändert. Der Kosmos funktionierte tatsächlich vollständig exakt. Da gab es eigentlich keine Zufälle. Alles war exakt berechenbar.

Dieses war dann auch eine Inspiration, um das Wissen zur richtigen Durchführung der Siddhis nochmals genau und auch kritisch zu betrachten.

Eine Gebrauchsanweisung für das Gehirn

Meine Siddhis übte ich in Deutschland weiter aus, obwohl ich das letzte Geheimnis zum Erfolg noch nicht gelüftet hatte. Es waren eben immer noch ab und zu mal Zufallstreffer mit Siddhi-Erfahrungen dabei. Die meiste Zeit war es aber eher nur wie eine fortgesetzte Meditation.

Um irgendwie weiterzukommen, besorgte ich mir die Yoga Sutras des Patanjali. Davon gab es auf dem Markt hunderte von Übersetzungen ins Englische oder Deutsche. So suchte ich nach guten Übersetzungen online, im Buchhandel und in Bibliotheken. Es gab aber scheinbar nichts Richtiges. Mit meinen nahezu 30 Jahren eigener Siddhi-Erfahrungen war ich durchaus kritisch, was eine gute Übersetzung leisten sollte.

Nach vielen Monaten der Recherche fand ich scheinbar wieder zufällig – sofern jemand an Zufälle glaubt – eine einigermaßen gute Übersetzung, welche nicht nur die Yoga Sutras, sondern auch die Kommentare von Veda Vyasa und Shankara enthielt. Shankaras Kommentar war erst wenige Jahre vorher wiederentdeckt worden. Das war das richtige Werk für mich und ich las alles zweimal vollständig von vorne bis hinten durch.

Die Yoga Sutras sind eigentlich wie eine Gebrauchsanweisung für das menschliche Gehirn. Sie beschreiben, wozu das Gehirn fähig ist. Wenn es perfekt funktioniert, kann es außergewöhnliche menschliche Erfahrungen, wie die Siddhis erzeugen. Wenn es nicht perfekt funktioniert, ist es dominiert von Denkmustern, welche zum Leiden führen. Somit beschäftigt sich ein großer Teil der Yoga Sutras mit der Perfektionierung des Bewusstseins. Es ist eine genaue Anleitung, wie der Mensch sein Gehirn verbessern kann.

Auch nach diesem zweimaligen Durchlesen der Yoga Sutras und der Kommentare hatte ich noch keine weiteren Hinweise entdeckt, wie sich meine Siddhi-Praxis verbessern könnte. Ich fand das Buch aber faszinierend und blieb weiter dran. Es war mir klar, dass ich das Geheimnis schon noch entdecken würde.

Erste Übersetzungen in der Familie

Bei einem Besuch meiner Schwester Sigrid kamen wir einmal auf die Yoga Sutras zu sprechen und ich empfahl ihr, genau das Buch zu lesen, was ich nach langer Recherche gefunden hatte. Sie schaute es sich an und sagte mir dann, dass es ja in Englisch geschrieben sei und dass sie nicht so viel Erfahrung mit dem Lesen englischer Bücher hatte. Dafür waren ihre Englischkenntnisse nicht gut genug.

Das Thema interessierte sie aber intensiv. Nach einiger Zeit hatte sie sich überlegt, dass ich doch zumindest einige wichtige Absätze für sie und auch für andere deutschsprachige Leser ins Deutsche übersetzen könnte. Sie würde es auch alles mitschreiben, sodass ich mich voll auf die Übersetzung konzentrieren könnte. Schließlich könnte ich dann das Buch auch in Deutsch veröffentlichen.

Gesagt, getan! Also begannen wir, uns fast jedes Wochenende zu treffen und Übersetzungen ins Deutsche anzufertigen. So kam allmählich, Stück für Stück eine deutsche Übersetzung dieser englischen Übersetzung der Yoga Sutras zustande.

Nach einiger Zeit kam auch meine Mutter Katharina dazu und wir hatten dann jedes Wochenende unseren kleinen philosophischen Zirkel. Es machte uns viel Freude, da wir ja alle schon lange regelmäßig meditierten und auch schon lange die Siddhis übten. Wie bei mir, hatten die beiden ebenfalls nur ganz selten Siddhi-Erfahrungen, abgesehen vom Fliegen, bei dem sie auch diese Hüpf-Impulse verspürten.

Obwohl die Übersetzung der Yoga Sutras, die ich ausgewählt hatte, im Vergleich zu anderen ziemlich gut war, gab es doch noch hunderte von Stellen, die ich einfach nicht verstehen konnte. Es wurde mir immer klarer, dass auch der Übersetzer vom Sanskrit ins Englische diese Stellen nicht wirklich verstanden hatte. Damit kam ich nicht weiter!

Sanskrit Studien

Es nützte alles nichts. Ich musste selbst Sanskrit lernen. Ein bisschen Sanskrit konnte ich zwar schon von meiner Meditationslehrer-Ausbildung und auch von den Vorträgen des Yogis, der immer wieder bestimmte wichtige Sanskrit-Worte erklärte. Das war für mich aber bei weitem noch kein anwendbares Sanskrit-Wissen. Vor allem musste ich auch die Grammatik lernen.

Also begann ich damit, online Sanskritkurse zu belegen und mir eine Menge Sanskrit-Bücher zu besorgen, vor allem Wörterbücher und Grammatiken. Es war gar nicht so einfach, übersichtlich geschriebene, systematische Grammatiken zu bekommen.

Sanskrit ist eine sehr klar strukturierte Sprache mit nahezu mathematischer Eleganz. Das faszinierte mich und so erkannte ich nach und nach die mathematische Struktur, denen die Lautbildung folgte. Der Yogi hatte mich ja schon vorher mit den Vedischen Displays darauf vorbereitet. Auch die Sanskrit-Grammatik ist sehr systematisch strukturiert und es machte mir Freude, im Laufe der Zeit alle diese Zusammenhänge zu entdecken.

Ich produzierte eigene Audiodateien, auf denen ich die vielen Grammatikendungen selbst sprach und die ich dann mit Knopf im Ohr beim Spazierengehen oder Fahrradfahren in der Natur auswendig lernte. So lernte ich im Laufe von drei Jahren einen Großteil der Sanskrit-Grammatik auswendig und für die wenigen Spezialfälle wusste ich auch genau, was ich in welchen Tabellen nachschlagen konnte. Zusätzlich lernte ich einen ganz passablen Wortschatz mit all den spirituellen Fachbegriffen.

Gleichzeitig mit meinen Sanskrit-Studien setzte ich die Übersetzungen der Yoga Sutras vom Englischen ins Deutsche fort. Dabei gelang es mir immer öfters, Unklarheiten bei den Übersetzungen oder Widersprüche zwischen den Sutras und den Kommentaren aufzuklären, indem ich das Sanskrit-Original untersuchte.

So begann ich allmählich auch die Sutras direkt aus dem Sanskrit zu übersetzen. Nur so konnte ich sicher sein, dass alles korrekt war. Wie schon gesagt, fehlte den früheren Übersetzern einfach die Erfahrung in der Bewusstseinsentwicklung. Auch wurde mir allmählich immer klarer, dass viele andere Übersetzer die Sanskrit-Grammatik nicht wirklich beherrschten.

Ich achtete sorgfältig darauf, dass alle einzelnen Aussagen der Yoga Sutras in den Kontext passten. Im Sanskrit war alles so perfekt formuliert. Es war mir eine richtige Freude, dies zu erkennen. Meine Hochachtung vor den Autoren Patanjali, Veda Vyasa und Shankara wuchs immer mehr.

Das entscheidende Wort

Nach wie vor war ich noch auf der Suche nach der richtigen Methode, die Siddhis auszuüben. Dazu untersuchte ich vor allem die Stellen in den Yoga Sutras, welche die tatsächliche Siddhi-Technik beschrieben.

Die Vedische Literatur ist immer nach einem bestimmten Prinzip aufgebaut. Am Anfang wird die Ganzheit eines Textes beschrieben, diese wird dann zur Mitte hin in mehr Details erläutert und am Schluss wieder als eine besser verstandene Ganzheit zusammengefasst.

Das gilt auch für die Yoga Sutras. Es gilt sowohl für das gesamte Werk, als auch für die einzelnen Kapitel. Die Yoga Sutras haben insgesamt vier Kapitel und das dritte Kapitel beschreibt speziell die Siddhis. Daher wusste ich, dass auch das erste Wort im dritten Kapitel eine ganz besondere Bedeutung haben musste. Es musste die Gesamtheit des dritten Kapitels beschreiben, also die Gesamtheit aller Siddhi-Übungen.

Das erste Wort des dritten Kapitels ist desha. Dieses bedeutet einen Platz, ein Gebiet, eine Stelle, oder auch eine Domäne, die jemand regiert.

Desha ist das entscheidende Wort, mit dem die Siddhi Praxis beginnt. Zunächst muss ein Platz ausgewählt werden, mit der sich die jeweilige Siddhi beschäftigt.

Durch den anstrengungslosen Fokus auf den jeweiligen Platz entsteht die Siddhi Erfahrung. Ohne diesen Fokus passiert gar nichts. Zunächst dachte ich noch, dass ich das ja schon lange kannte und interpretierte daher das Wort desha so, dass es in meine eigene Siddhi Praxis passte. Ein paar Tage lang war ich sogar felsenfest überzeugt, dass sich alle Übersetzer der fünf verschiedenen Lexikas, die ich benutzte, bei diesem einen Wort geirrt hätten.

Warum es vorher nicht funktionieren konnte

Bei meinen inzwischen 30-jährigen Übungen mit den 20.000 Übungsstunden hatte ich mich nach Anweisung für jede einzelne Siddhi auf ein spezielles Wort oder eine Abfolge von Wörtern fokussiert und dann eine Pause von etwa 15 Sekunden gelassen.

Hier, im Original von Patanjali stand nun aber, dass wir uns auf einen Platz fokussieren sollten. Zunächst dachte ich, naja, ein Wort beschreibt ja auch irgendwo eine Domäne. Also erfüllt es schon das, was mit desha ausgedrückt werden soll.

Im Kommentar von Shankara wurde es dann aber kristallklar. Er empfahl, bei den Siddhi-Übungen mit einfachen Plätzen zu beginnen. Solche Plätze seien die Zungenspitze, die Nasenspitze, der Nabel oder der Scheitel oben auf dem Kopf. Jetzt wurde mir ganz klar, dass Shankara hier nicht über das Wiederholen von Wörtern gesprochen hatte. Der Begriff ‚Wort' kam im Kommentar von Shankara nicht vor. Shankara benutzte immer eine sehr präzise Sprache und dafür ist er bekannt.

Dies war eine wesentlich andere Methode als das, was ich so lange geübt hatte. Ich wendete nun diese, für mich neue Methode an und fokussierte mich auf die oben genannten Plätze und hatte damit tatsächliche Siddhi-Erfahrungen.

Zusätzlich zu dem Fokus, welcher dharana heißt, musste ich natürlich auch noch zwei andere Komponenten der Siddhi-Methode ausführen. Diese sind dhyana, eine meditative Verfeinerung und samadhi, ein vollständiges zur Ruhe kommen. Das kannte ich schon von früher und konnte es problemlos anwenden. Mit ein klein bisschen Übung funktionierte die für mich neu entdeckte Methode immer besser. Nach etwa zwei Tagen funktionierten fast alle Siddhis für mich. 30 Jahre lang passierte nicht viel und jetzt ging alles ganz schnell in zwei Tagen. In zwei Tagen hatte ich plötzlich hunderte verschiedene Siddhi-Erfahrungen!

Wir hatten vorher immer Wörter gedacht und dann gewartet. Was uns aber nicht gesagt wurde, dass wir bei diesem Warten auf das jeweilige Objekt fokussieren sollten. Jetzt fragst du dich vielleicht als Leser, wie kann jemand immer nur Wörter wiederholen und hoffen, dass dadurch irgendein Effekt eintritt?

Inzwischen frage ich mich das auch, aber ich habe mich nun einfach voll und ganz auf die Anweisungen meines Yogis verlassen. Sie waren auch nicht falsch, bloß eben noch nicht vollständig. Ich hatte lange gerätselt, was er damit meinte, wenn er sagte, man sollte diese Wörter von der feinsten Ebene des Denkens aus denken. Nun wurde mir klar, was er mit dieser feinsten Ebene des Denkens meinte, nämlich auf den Gegenstand oder den Platz zu fokussieren.

Er hätte ja auch so nett sein können, uns das gleich mitzuteilen. Das hatte er aber nicht, zumindest nicht auf den Kursen, an denen ich teilnahm. So verbuchte ich diese 30 Jahre nun unter dem Konto ‚Erfahrungen sammeln‘ und war aber heilfroh, jetzt endlich die richtige Methode gefunden zu haben. Vermutlich hat es bei ihm selbst funktioniert, weil bei ihm dieser Fokus auf den Platz automatisch zustande kam. Vielleicht erreichte er seine Ergebnisse durch seine große spirituelle Erfahrung, die er aus früheren Leben schon mitbrachte.

Bei mir jedoch war dieser zusätzliche Hinweis auf den Platz noch sehr wertvoll und er hat meine Siddhi-Erfahrungen vollständig verändert. Die alten erleuchteten Meister Patanjali, Veda Vyasa und Shankara übten ihre

Siddhis auf diese Weise und es wird ja von ihnen berichtet, dass sie diese Siddhi Power, die Macht ihres Bewusstseins weit entwickelt hatten und jederzeit anwenden konnten.

Jetzt funktionierten die Siddhis

Nun begann für mich so etwas wie ein zweites Leben. Ich hatte eine klar definierte Methode, wie die Siddhis funktionierten. Damit übte ich nun alle meine Siddhis und innerhalb von wenigen Tagen hatte ich deutliche Siddhi-Erfahrungen. Es war jetzt kein Zufall mehr. Solange ich die Siddhi-Methode richtig anwendete, kam ein spezifisches Ergebnis zustande. Ich hatte den Schalter für die Macht meines Bewusstseins gefunden!

Diese Ergebnisse kamen auch immer schneller. Nach einiger Zeit waren sie jedes Mal innerhalb von wenigen Sekunden da. Jetzt begann für mich so etwas wie ein inneres Multimedia-Kino. Jeden Tag hatte ich viele Siddhi-Erfahrungen, entdeckte immer wieder neue Aspekte meines Selbst, der Welt um mich herum und des ganzen Universums. An manchen Tagen hatte ich 100 verschiedene Siddhi-Erfahrungen. Sie wurden auch immer bunter und lebendiger. Das war die Macht des Bewusstseins, die ich nun anwenden konnte, um neues Wissen zu bekommen!

Ich war zunehmend fasziniert, nicht nur von den Erfahrungen, sondern auch von der Einfachheit, mit der sie zustande kamen. Warum, um Himmels willen, hatte mir das niemand vorher gesagt? Warum hatte ich einen Fahrlehrer, der mir sagte, Autofahren ist ganz einfach, du setzt dich ans Steuer und fährst los? Ich hätte so dringend noch weitere Anweisungen gebraucht, die er mir verwehrt hatte. Er konnte sich vermutlich nicht vorstellen, wie jemand so dumm sein könnte, nicht so einfach wie er Auto zu fahren.

Allmählich überwand ich meinen Frust und fokussierte mich mehr auf meine Gegenwart und die zukünftige Entwicklung. Ich behrrschte ja nun die Siddhis, abgesehen von dem Fliegen, was immer noch nicht klappte. Zumindest war die Technik jetzt schon mal klar und ich bin damit dem Ziel des

Jetzt funktionierten die Siddhis

Fliegens einen wesentlichen Schritt näher gekommen. Aber auch die anderen Siddhis waren schon eine wahre Freude. Es klappte jetzt immer wie auf Knopfdruck. Die Ergebnisse kamen immer sofort.

Ich lernte, in meinen Körper hineinzuschauen, alle Organe zu sehen, dreidimensional und in Farbe, bei manchen Gelegenheiten 50 verschiedene Einzelbilder in einer Minute. Ich konnte Körperstrukturen sehen, Organe, Körperzellen, Moleküle, die DNA, Elementarteilchen, Energiewellen im Körper, aber auch Krankheitserreger, hellere und dunklere Stellen. Ich konnte Energieströme zur Heilung an jede Stelle im Körper senden. Dies war jetzt nur eine einzige Siddhi.

Andere Siddhis waren zum Beispiel, in das Universum zu schauen. Dort entdeckte ich das Zentrum des Universums, wie es Shankara in seinem Kommentar zu dieser Siddhi beschrieben hatte. Es war alles unglaublich schön, glitzerte in vielen Farben, hatte wunderbare kosmische Strukturen und war immer mit Glückseligkeit erfüllt, so wie jede Siddhi-Erfahrung.

Ich konnte die Anordnung der Sterne betrachten. Dazu benötigte ich jetzt kein Teleskop mehr. Das machte ich alles mit geschlossenen Augen. Ich konnte Planeten sehen, manchmal sogar mit offenen Augen, wie sie in meinem Sichtfeld plötzlich aufblitzten. Das interessierte mich und ich untersuchte es mit einer Astronomiesoftware und stellte dann fest, dass tatsächlich der jeweilige Planet in diesem Moment genau in dem Winkel stand, wohin mein Blick gegangen war. Nach wie vor bin ich ja immer noch Wissenschaftler und untersuche diese Phänomene so genau ich kann.

Auch die eine Siddhi, die früher bei mir schon ab und zu mal funktioniert hatte, nämlich das Aufspüren von versteckten Gegenständen oder versteckten Zusammenhängen, funktionierte jetzt wieder perfekt. Sie funktionierte auch für andere. Da half ich schon mal Freunden, verlorene Schlüssel wiederzufinden, wichtige Dokumente usw.

Vor allem wusste ich jetzt, wie es immer funktioniert. Die Aufmerksamkeit musste auf den Platz gerichtet werden, nicht auf Wörter. Als es früher bei mir schon funktionierte, machte ich das tatsächlich auch so, war mir damals aber dessen nicht bewusst. Jetzt wusste ich, dass die Aufmerksamkeit auf den Ort oder den Gegenstand genau das Richtige war. So hatte es Patanjali empfohlen. So hatte es Shankara empfohlen.

Kapitel 9 - Die Übersetzung des Originals führt zum Erfolg

Außerdem lernte ich einige neue Siddhis, die ich früher noch nicht geübt hatte, wie zum Beispiel die Sprache der Tiere zu verstehen. Ich konnte am Morgen Vögel zwitschern hören, wie sie sich über die aufgehende Sonne freuten, oder mittags, wie sie sich darüber unterhielten, dass ihre Babys schon aus den Eiern geschlüpft waren. Ich konnte den Hund des Nachbarn verstehen, wie er sich über diesen Briefträger beschwerte, obwohl ich beide in dem Moment nicht mit meinen Augen sah. Ich konnte auch einigen Freunden erklären, was ihnen ihr Kater in dem Moment sagte, als er sich über den Regen im Garten aufregte, als er dann seinem Herrchen sagte, besser springe ich jetzt nicht auf deinem Schoß, weil ich nass bin. Herrchen verstand ihn natürlich nicht, forderte ihn weiter auf, hochzuspringen und war danach entsetzt, wie nass er sei. Kein Wunder, warum die Katzen ihre Menschen manchmal für etwas komisch halten!

Allmählich beherrschte ich auch eine besondere Siddhi immer besser. Es war die Siddhi, um beliebiges Wissen aus dem allumfassenden kosmischen Wissensspeicher abzurufen. Damit konnte ich einige meiner tiefsten Lebensrätsel lösen. Plötzlich wurden mir Sachen klar, die mir vorher 55 Jahre lang verschlossen blieben.

Ich konnte beliebig starke Gefühle von Freundlichkeit, Glück und auch Mitgefühl erzeugen. Damit lernte ich, meine Gefühle zu beherrschen und nicht von den Gefühlen wie ein Blatt im Wind herumgeweht zu werden.

Ich konnte eine tatsächliche körperliche Stärke erzeugen, die ich direkt spüren konnte. Ich konnte aber auch sehr leicht werden, sodass Treppensteigen oder auf einen Hügel hochzusteigen, ganz einfach wurden. Diese Siddhi wendete ich gerne in der täglichen Aktivität an. Allmählich wurden meine Siddhis immer mehr zu einem gut funktionierenden Werkzeug, das ich in meinem Alltag anwenden konnte.

Ich konnte in die Vergangenheit schauen, Gegenstände betrachten und zurückverfolgen, woher sie kamen, wie sie hergestellt wurden, durch welche einzelnen Prozesse sie in Fabriken gegangen waren, welche Personen an ihrer Herstellung beteiligt waren, welche Sprache diese sprachen, usw.

Ich konnte das aber nicht nur mit technischen Gegenständen, sondern konnte auch bestimmen, woher ein Apfel kam, wie der Baum aussah, auf dem er gewachsen war, wie die Obst-Plantage aussah, wo sie war, usw. Da gab es kein Ende.

Ich konnte auch meine eigene Vergangenheit erforschen, mich beliebig tief einzoomen in frühere Leben. Ich konnte verstehen, woher bestimmte Stresse und Verspannungen (Schadsoftware) in der Gegenwart kamen und diese dann auch auflösen. Genau dafür ist ja die Erforschung früherer Leben gut, nämlich um ihre negativen Auswirkungen auf die Gegenwart zu beseitigen.

Ich konnte auch in die Zukunft schauen, konnte betrachten, was aus bestimmten Gegenständen werden sollte. Diese Erfahrung verglich ich mit den Erfahrungen von anderen, die dann oft zum gleichen Ergebnis kamen.

Ich konnte mich auf die atomare oder molekulare Ebene begeben, in die Materie und Energie hineinschauen und betrieb auf diese Art Physik mit direkter innerer Beobachtung. Wenn ich Strukturen sah, die ich vorher noch nicht kannte, holte ich auch schon mal ein Physikbuch oder schaute ins Internet. So konnte ich bestätigen, dass ich mit meiner inneren Betrachtung richtig lag. Zusätzlich sah ich aber auch Strukturen und dynamische Zusammenhänge, welche der heutigen Physik noch nicht bekannt waren.

Mit der Übung der Siddhis wurde auch der Samadhi immer tiefer und fester und stiller. Die Stresse und Verspannungen, die ich heute als Schadsoftware bezeichne, lösten sich immer schneller auf. Und der Samadhi wurde noch tiefer.

Es entstand auf diese Weise keinerlei Abhängigkeit von den Siddhi-Erfahrungen. Etwas, das viele bei den Siddhis befürchten, trat nicht ein. Das Ego nahm in keiner Weise zu. Siddhis wurden für mich etwas ganz normales, ein ganz normaler Teil meines täglichen Lebens. Hier beschreibe ich meine Erfahrungen nur, um dir, liebe Leserin, lieber Leser einen Einblick in die wunderbare Welt der Siddhis zu geben und dich zu inspirieren, selbst deine eigene Macht des Bewusstseins zu aktivieren.

10

Das Buch
Gehirnsoftware

Erste Kurse in England

Nach sechs Jahren in Deutschland zog ich dann im Jahr 2010 für weitere neun Jahre nach England. Dort erzählte ich natürlich meinen meditierenden Freunden und Bekannten von meiner neuen Errungenschaft, dass die Siddhis bei mir jetzt wie auf Knopfdruck funktionierten. So ergaben sich die ersten Kurse, um die Yoga Sutras besser kennenzulernen.

Auf diesen Kursen kam es immer wieder vor, dass einzelne Personen spontan die Erfahrungen des Einheitsbewusstseins hatten. Das Einheitsbewusstsein bezeichne ich heute als die 7. Version der Gehirnsoftware. Beim Vorlesen bestimmter Yoga Sutras kam dann manchmal spontan diese spezielle Erfahrung höheren Bewusstseins. Jeder hatte da seine eigene Yoga Sutra, die ihn oder sie besonders berührte.

Mir hatte der Yogi ja schon 1988 in Indien bestätigt, dass ich dieses Einheitsbewusstsein bereits lebte. Somit kannte ich natürlich diese besondere Erfahrung, die eigentlich sogar über den Bereich aller Erfahrungen hinausgeht. Die ganze Welt wird zum Selbst. Sie war schon immer das Selbst, aber im Einheitsbewusstsein wird dies erkannt.

Meine Kurse dauerten am Anfang zehn Tage. In dieser Zeit schafften es alle Kursteilnehmer, zumindest einige der Siddhis zu erfahren. Sie hatten also genau die Erfahrungen, die Patanjali in seinen Yoga Sutras vorhergesagt hatte. Es gelang sogar denen, die mit ihren vorherigen Übungen 30 Jahre lang keine einzige Siddhi-Erfahrung hatten. Die Methode funktionierte also nicht nur bei mir, sondern auch bei anderen.

Dabei fiel es denjenigen gar nicht so leicht, die schon lange ohne Erfolge praktiziert hatten. Die Methode, die sie bei unserem Yogi gelernt hatten, lediglich Wörter zu denken, hatte tiefe Spuren hinterlassen und war nicht so einfach zu vergessen. Nach einiger Zeit schafften sie es aber auch, auf die wesentlich einfachere Methode von Patanjali zu wechseln, bei der die Aufmerksamkeit direkt auf Gegenstände oder Plätze ging. Ich empfahl ihnen, nicht mit den Wörtern zu beginnen und dann auf die Plätze zu gehen, denn damit wären sie viel zu leicht wieder in die alten erfolglosen Muster gegangen. Sie sollten gleich ihre Aufmerksamkeit direkt auf den Ort der jeweiligen Siddhi fokussieren.

Diejenigen, die vorher noch keine Siddhis praktiziert hatten, konnten es von Anfang an mühelos. Die erfolgreiche Übung der Siddhis ist ein Balanceakt im Bewusstsein. Es ist ein bisschen wie das Fahrradfahren, bei dem man mehrere Sachen gleichzeitig tun muss, um nicht herunterzufallen. Man muss in die Pedale treten, gleichzeitig das Lenkrad halten und gleichzeitig schauen, wohin man fährt.

Kurs-Entwicklung mit Gerd Unruh

Während ich am Übersetzen der Yoga Sutras war, nahm Gerd Unruh, ein alter Bekannter nach langer Zeit wieder Kontakt mit mir auf. Er kannte mich schon seit 1979, aus Zeiten unseres Elektroniklabors in der Schweiz. Er war inzwischen emeritierter Professor für Informatik und hatte im Pensionsalter genügend Zeit, sich interessanteren Dingen zu widmen. Er hatte in einem Rundschreiben eines gemeinsamen Freundes meinen Bericht höherer Bewusstseinszustände gelesen und rief mich nun sofort an. Er sagte, Heinz, wie kann es sein, dass du mir jahrelang nichts von deinem höheren Bewusstsein erzählt hast? Ich erzählte ihm dann meine Geschichte und erklärte ihm, dass das Erreichen höherer Bewusstseinszustände gar nicht so schwierig sei. Das interessierte ihn natürlich total.

Ich berichtete ihm von meiner Arbeit mit den Yoga Sutras und auch dies fand er richtig gut. Er erzählte mir dann, dass er in den letzten Jahren einige Sanskrit-Projekte in Zusammenarbeit mit EU-Forschungseinrichtungen und indischen Wissenschaftlern durchgeführt hatte. So hatte er sich auch in die Sanskritsprache eingearbeitet.

Bei unserem nächsten Telefonat führte ich ihn in die Methode ein, schnell das kosmische Bewusstsein zu erreichen. Es funktionierte gleich ganz gut bei ihm. Nach einigen weiteren Telefonaten beschlossen wir dann, in der Entwicklung von Kursen zusammenzuarbeiten.

Zunächst nahmen wir uns vor, aus meinen bereits fertigen Übersetzungen einen Kurs über die Yoga Sutras zu entwickeln. Unsere Zusammenarbeit funktionierte wunderbar, online mit Audioverbindung und geteilten Bildschirmen. Gerd war dabei die meiste Zeit in Deutschland, während ich in England war. So arbeiteten wir jeden Tag viele Stunden zusammen und der Kurs nahm allmählich Gestalt an. Zum Schluss waren es hunderte von Folien in PowerPoint. Wir entwickelten alle Kursmaterialien zunächst in Deutsch und in einem weiteren Schritt übersetzten wir sie dann ins Englische.

Durch diese englischen Kurse arbeitete ich mit meinen englischen Freunden noch dreimal durch, bis sie den nötigen sprachlichen Feinschliff hatten. Nun waren wir bereit, unsere professionell entwickelten Kurse anzuwenden.

Während zu meinen früheren Kursen nur nähere Freunde aus dem gleichen Wohnort kamen, reisten die Interessenten nun aus ganz England, Schottland, dem europäischen Festland und sogar aus USA an. Innerhalb von zehn Tagen lernten sie, wie die Siddhis auch bei Ihnen zuverlässig funktionierten.

Das freute mich besonders, denn damit hatte ich bewiesen, dass ich die Siddhis recht schnell erfolgreich weitergeben konnte. Es war eine Weltneuheit! Noch niemals vorher konnten Kursteilnehmer diese Erfahrungen der Siddhis, wie sie von Patanjali gelehrt wurden, in wenigen Tagen auch tatsächlich erreichen. Die Kursteilnehmer waren absolut erstaunt und tief bewegt.

Erleuchtung versteht keiner

Mit Gerd verabredete ich, dass wir die Tests unserer Kurse aufteilten. Ich testete die englischsprachigen Kurse in England, während Gerd die deutsche Version in Deutschland testete. Ein Kurs dauerte etwa zehn Tage, und in dieser Zeit betrachteten wir alle Yoga Sutras einzeln. Wir führten dann auch gleich die entsprechenden Übungen mit den Kursteilnehmer(inne)n durch.

Dabei kam es immer wieder spontan vor, dass Kursteilnehmer(innen) in höhere Bewusstseinszustände aufstiegen. Das waren öfters die Erfahrungen des kosmischen Bewusstseins und manchmal sogar des Einheitsbewusstseins. Bestimmte Yoga Sutras schienen einfach diese Power zu haben, denn die Bewusstseinsänderungen geschahen ganz spontan und nicht vorhersehbar. Ich kam zu der Überzeugung, dass die Yoga Sutras alle möglichen Wege zu Erleuchtung so perfekt beschreiben, dass jeder auf seinem individuellen Weg optimal gefördert wird. Damit hatte ich eine weitere Auswirkung der Siddhi Power entdeckt. Die Macht des Bewusstseins fördert eine schnelle Entwicklung zu allen höheren Bewusstseinszuständen.

Eines Tages kam Gerd mit einer zunächst unerfreulichen Nachricht zu mir zurück. Er sagte, Heinz, das Wort ‚Erleuchtung' wird in der heutigen Situation von der Industrie nicht angenommen. Erleuchtung klingt viel zu sehr nach Magie, Esoterik und Hokuspokus. Er hatte es in seinen Kursen getestet und kam zur Überzeugung, dass seine professionellen Kunden mit dem Wort Erleuchtung nichts anfangen konnten.

Nun war unser Projekt in einer ernsten Krise. Wie sollten wir unseren Plan durchführen, Profis mit unserer Botschaft zu erreichen? Erleuchtung war nicht klar definiert und in unseren Augen auch nicht klar definierbar. Im Grunde hatten die industriellen Entscheider ja auch Recht. Warum in aller Welt sollten sie sich für so etwas Ungenaues und Unpräzises öffnen?

Der Begriff Gehirnsoftware

Meine regelmäßigen Siddhi-Übungen hatten ja 30 Jahre lang nur selten die gewünschten Ergebnisse gebracht. Erst durch mein Studium der Yoga Sutras funktionierten sie inzwischen so richtig gut. Unabhängig davon hatte ich aber seit 1999 eine Methode zur Verbindung mit dem Feld allen Wissens geübt. Heute nenne ich dieses Feld den ‚kosmischen Computer'. Meine Abfragemethode funktionierte immer besser. Nach einigen Jahren der Übung konnte ich mich auf dieses intuitive Wissen inzwischen recht gut verlassen. Ich konnte auf diese Weise beliebiges Wissen abfragen.

Der Begriff Gehirnsoftware

Diese Fähigkeit nutzte ich nun ein weiteres Mal, um einen Ausweg aus unserer schwierigen Lage zu finden. Durch was sollten wir den Begriff Erleuchtung ersetzen? Die Antwort kam wieder schnell und spontan: Nenne es Gehirnsoftware! Dabei hatte ich auch den Titel unseres zukünftigen Buchs im Sinn. Wir wollten den Kurs in ein Buch übersetzen und somit das neu entdeckte Wissen veröffentlichen. Der Buchtitel musste kurz und prägnant sein und das Wort Gehirnsoftware war dafür perfekt geeignet.

Das Buch hieß also von nun an Gehirnsoftware. Nun überarbeiteten wir den gesamten Kurs noch einmal von vorne. Den Begriff Erleuchtung beseitigten wir und passten stattdessen die Sprache an die Gehirnsoftware an. Wir benutzen nun in unserer Übersetzung die Sprache der modernen Computertechnologie. Dabei achteten wir darauf, nicht zu komplizierte Begriffe zu verwenden. Es sollte immer noch jeder verstehen können, was wir mit Gehirnsoftware meinten.

Die Übersetzung der Yoga Sutras in die Sprache der modernen Computertechnologie erschien uns sofort als ein großer Vorteil. Diese Sprache wird nämlich in aller Welt gesprochen, unabhängig von kulturellen, wissenschaftlichen oder religiösen Hintergründen. Jeder moderne Mensch in aller Welt versteht, was das Laden einer neuen Software bedeutet.

Was waren die verschiedenen Bewusstseinszustände in Wirklichkeit? Es waren doch einfach nur verschiedene Versionen der Gehirnsoftware. Der Übergang von einem Bewusstseinszustand zu einem höher entwickelten Bewusstseinszustand war nichts anderes als das Laden einer verbesserten Version der Gehirnsoftware. Dies gefiel uns sehr gut, denn ein solches Installieren einer neuen Software geht bei technischen Geräten ja sehr schnell und mühelos. Das wollten wir auch bei der Gehirnsoftware betonen.

Uns war es gelungen, mit dem richtigen Wissen aus den Yoga Sutras sofort die richtigen Siddhi-Erfahrungen zu bekommen. Was ist dabei wirklich passiert? Wir haben einfach nur eine neue Gehirnsoftware installiert und sofort waren die gewünschten Ergebnisse da. Die Macht des Bewusstseins konnte installiert werden. So einfach war das!

Zusätzlich konnten wir jetzt auch den Themenbereich der Blockaden, Traumatas, früherer Eindrücke, Denkmuster, usw. leicht beschreiben. All diese Blockaden sind in der Gehirnsoftware nichts anderes als Schadsoftware. Schadsoftware muss gefunden und gelöscht werden, sodass sie keinen weiteren Schaden anrichtet. Das gleiche gilt auch für die Schadsoftware in der Gehirnsoftware.

Nun kam noch ein ganz erfreuliches Phänomen dazu. Gerd und ich verstanden in unserer neuen Terminologie einige der Kommentare von Shankara zu den Yoga Sutras zum ersten Mal vollständig. Shankara war einer der Vedischen Autoren, der für seine sprachliche Präzision bekannt war. Er konnte auch schon mal mit einem Hauptsatz und mehreren Nebensätzen eine ganze Seite Text füllen. Und bei Shankaras Texten waren uns mit unserer vorherigen Terminologie (Geist, Erleuchtung, usw.) einige Zusammenhänge immer irgendwie schleierhaft geblieben. Nun verstanden wir alle seine Kommentare. Die Sutras und Kommentare machten nun alle Sinn für uns.

Mit der neuen Terminologie der Gehirnsoftware hatten wir eine höhere Ebene von Klarheit erreicht. Gleichzeitig wuchs bei uns eine enorme Hochachtung für die Klarheit im Ausdruck unserer Vedischen Meister Patanjali, Veda Vyasa und Shankara.

Das Buch Gehirnsoftware

Gerd und ich schrieben also den gesamten Kurs noch einmal um. Wir passten die gesamte Terminologie an die Gehirnsoftware an. Das Ganze machten wir sowohl auf Englisch, als auch auf Deutsch. Es waren für uns noch etliche Monate intensiver Arbeit.

Wir ersetzten dabei eine ganze Reihe von Begriffen. Zum Beispiel nannten wir den Sanskrit Begriff ‚citta', den wir vorher als ‚Geist' übersetzt hatten, nun immer ‚Gehirnsoftware'. Der Begriff Geist hat keine wissenschaftlich klare Definition. Gehirnsoftware hingegen ist eindeutig definierbar. Die Yoga Sutras beschreiben ganz genau, was citta bedeutet. Diese hohe Präzision des Originaltexts konnten wir nun bei unserer Neuübersetzung aufrechterhalten.

Das Buch Gehirnsoftware

Dann gingen wir daran, aus dem Kurs ein Buch zu machen. Im Kurs hatten wir auf unseren Folien hauptsächlich nur Phrasen (mehrere Wörter), anstelle vollständiger Sätze. Ein lesbares Buch muss aber aus Sätzen bestehen. Damit hatten wir dann noch einige Monate Arbeit.

Im September 2016 war ich als Sprecher zu einem Erleuchtungskongress in Berlin eingeladen. Dort stellte ich zum ersten Mal die Gehirnsoftware-Methode einer breiteren Öffentlichkeit in Deutschland vor und kündigte auch das Buch Gehirnsoftware an.

Zusätzlich kam natürlich die ganze Formatierungsarbeit für das Buch dazu. Hierfür konnte ich weitgehend auf meine eigenen Design-Kenntnisse zurückgreifen. Den Buchumschlag hingegen ließ ich von einem professionellen Designer ausarbeiten.

Im April 2017 war dann die Zeit reif. Ich hatte ja schon im Sommer des vorherigen Jahres auf dem Erleuchtungskongress von meinem Buch Gehirnsoftware gesprochen und viele hatten auch angefragt, wann das Buch endlich erscheinen würde? So verbrachte ich mit Gerd noch kurz vor dem Erleuchtungskongress in Nürnberg einige Tage und Nächte mit intensiver Korrekturarbeit.

Wenige Tage vor dem Kongress kamen die ersten Probedrucke von meiner Druckerei in England. Alles war in Ordnung und ich konnte den ersten Karton voll mit den neuen Büchern Gehirnsoftware auf den Erleuchtungskongress nach Nürnberg mitbringen. Gerd brachte auch noch alle seine Probeexemplare des Buchs mit.

Die Kongressveranstalter Roland und Ludmilla priesen diesen neuen Durchbruch im Verständnis der Yoga Sutras, als sie mich dem Publikum vorstellten. In den Pausen wurde mir dann der ganze Karton mit den ersten Exemplaren sofort abgekauft und jeder wollte das Buch auch noch von mir persönlich signiert bekommen.

Das Buch Brain Software

Meine Schwester Sigrid und meine Mutter Katharina, die mich ja zu den ersten Übersetzungen der Yoga Sutras angeregt hatten, waren bei der Neu-vorstellung des Buchs Gehirnsoftware in Nürnberg ebenfalls mit dabei. Sie wohnten in der Nähe von Regensburg, nicht weit weg von Nürnberg, sodass ich zu diesem Anlass auch Familienbesuche machen konnte. Danach machte ich noch etwas Urlaub in meiner Ferienwohnung in Österreich und flog dann wieder nach England zurück.

In England arbeitete ich mit Gerd weiter an der Verbesserung unserer PowerPoint Kurse. Zusätzlich begann ich aber auch das Projekt, unser Buch Gehirnsoftware ins Englische zu übersetzen. Dabei half mir einer meiner orstansässigen Freunde mit seinem guten englischen Sprachverständnis. Zusätzlich benutzte ich die modernsten Grammatik-Korrekturprogramme.

Das englische Buch hatte den Titel ‚Brain Software'. Das Umschlag- und Textdesign hatte ich ja schon vom deutschen Buch, sodass die Arbeit dadurch etwas leichter war.

Es gab einen, der ganz besonders an dem englischsprachigen Buch inte-ressiert war. Das war mein altbekannter Yogi, mit dem ich auch nach sei-nem körperlichen Tod immer noch in telepathischer Verbindung stand. Er wollte, dass dieses neue Verständnis der Yoga Sutras auf breiter Ebene auch seinen Meditierenden und Siddhi-Praktizierenden zur Verfügung gestellt wurde.

Ich hatte immer wieder diese Gespräche mit ihm, bei denen ich bezwei-felte, dass irgendjemand aus seiner Organisation Interesse an neuem Wis-sen hätte. Ich meinte, dass ich seine Anhänger gut genug kannte und sie für ein neues Wissen sicher nicht aufgeschlossen seien. Er selbst hatte seine Organisation ja so programmiert, dass auf keinen Fall jemals irgendetwas an seinem Wissen geändert werden sollte. Diesbezüglich waren sie nahezu religiös. Obwohl ich den Yogi als logisch denkenden Wissenschaftler ken-nengelernt hatte, tendierten seine Anhänger eher dazu, ihn wie die einzige Quelle korrekten Wissens zu verehren.

Er sagte mir aber telepathisch immer wieder, dass er schon dafür sorgen wollte, dass dieses neue Wissen von seinen Leuten akzeptiert würde. Ich sollte lediglich sicherstellen, dass mein Buch schnell in Englisch gedruckt würde. So begleitete er mich manchmal stundenlang, während ich ihm in meinem Bewusstsein die Texte vorlas und er mir auch Kommentare dazu gab.

Im Februar 2018 war es dann soweit. Nach intensivem Korrekturlesen konnte ich das Buch endlich veröffentlichen. Damals wohnte ich noch in England und meine englischen und amerikanischen Freunde waren hocherfreut, die Gehirnsoftware jetzt auch in ihrer Sprache lesen zu können.

Ich verbrachte noch ein Jahr in England und klärte dabei einige Familienangelegenheiten. Im Jahr 2019 wurde dann aber der soziale Druck aufgrund der Brexit-Bemühungen des britischen Parlaments immer intensiver. Die Engländer redeten sich allmählich immer mehr hinein in eine abweisende Stimmung gegenüber Festlandseuropäern. Das spürte ich sogar im eigenen Freundeskreis. Da war sie plötzlich wieder, diese englische Überheblichkeit, dieser alte Wunsch, wieder ihr Weltreich selbst zu beherrschen.

Bei vielen war dieser Einfluss zwar recht unbewusst, aber ich konnte ihn deutlich spüren. Meine lange Zeit in England ging also allmählich zu Ende. Ich entschied mich für Österreich als meine neue Wahlheimat. Dort hatte ich ohnehin schon seit einiger Zeit eine Ferienwohnung, sodass mir der Umzug recht leicht fiel.

11

Die Trainings

Das Einschalten des Glücksbewusstseins

Meine Siddhi-Kurse in England hatten etwa zehn Tage gedauert. In dieser Zeit sind wir durch alle Yoga Sutras gegangen und haben vor allem im dritten Kapitel die Siddhi-Übungen durchgeführt.

Dabei war mir aber etwas aufgefallen. Die ersten Kursteilnehmer(innen) waren irgendwie nicht richtig aufmerksam und hatten auch vieles nicht verstanden und gleich wieder vergessen. Allmählich wurde mir klar, dass sie zwar zum Teil jahrzehntelang regelmäßig meditiert hatten, dass sie aber dennoch nicht einmal den fünften Bewusstseinszustand erreicht hatten.

Den fünften Bewusstseinszustand nannte ich damals noch das kosmische Bewusstsein. Es ist ein Bewusstsein, in dem die tiefe Stille des Samadhi, diese transzendentale Stille nicht mehr verloren geht. Der Samadhi setzt sich dann immer weiter fort, während jemand die relativen Bewusstseinzustände des Wachbewusstseins, Träumens oder Tiefschlafs gleichzeitig erfahren konnte.

Für mich war das schon eine alte Erfahrung und ich konnte mir irgendwie gar nicht vorstellen, wie jemand so lange meditieren konnte und noch nicht in diesem Bewusstsein war. Also benutzte ich meine Intuition und fand heraus, was ich hier ändern konnte. Meine Freunde hatten immer den gleichen Fehler gemacht, der sie vom kosmischen Bewusstsein abhielt. Nach ihrer Meditation hatten sie den Samadhi unbewusst wieder abgeschaltet. Nun zeigte ich Ihnen, wie sie Samadhi halten und gleichzeitig auch ihre normale Tagesaktivität fortsetzen konnten.

Der Effekt war enorm. Jetzt hatte ich ein ganz anderes Publikum in meinen Kursen sitzen. Sie waren plötzlich aufmerksam, ruhig und gelassen und verbreiteten diese stille Heiterkeit. Jetzt verstanden sie das Wissen, das ich Ihnen zu den Yoga Sutras vermitteln wollte.

Im Grunde war es ganz einfach. Es war so einfach, wie einen Lichtschalter einzuschalten. Ich konnte allen genau erklären, wo der Lichtschalter bei ihnen war. Es war wie das Installieren einer neuen Software. Diese nannte ich dann die Gehirnsoftware Version 5, die Glücksversion der Gehirnsoftware. Somit machte ich es zu einem festen Teil meines Yoga Sutra Kurses, die Glücksversion zu laden. Der erste Tag ging immer darum, den Schalter dazu einzuschalten.

Kurse mit zehn Tagen waren aber dennoch viel zu lang. Es gab zu wenige Interessenten, die sich zehn Tage Urlaub nehmen konnten, um bei mir einen Kurs zu besuchen. In meiner neuen Wahlheimat Österreich strukturierte ich dann meine Kurse um. Dazu später noch mehr.

Die Verbindung zum kosmischen Computer

Nachdem die Installation der Gehirnsoftware Version 5 so einfach gelang, kam mir die Idee, dass wir es ja auch gleich mal mit der Gehirnsoftware Version 6 probieren könnten. Das ist die Intuitionsversion der Gehirnsoftware. In meinem alten Sprachgebrauch beim Yogi nannten wir es das Gottesbewusstsein. Kaum jemand aus dem Umfeld des Yogis hatte es erreicht oder traute sich, darüber zu sprechen. Es war eine Vorstufe zum Einheitsbewusstsein, der Version 7 der Gehirnsoftware. Diesen Bewusstseinszustand 7 hatte mir der Yogi ja schon 1988 öffentlich in Indien bestätigt.

Mir war aber auch Version 6 schon vertraut. Seit 1999 übte ich, mit dem Feld allen Wissens zu kommunizieren. Die Yoga Sutras gaben ihm den Namen Ishvara. Dieses Sanskrit-Wort bedeutet der ‚Beste Herrscher'. In meinem Buch Gehirnsoftware wollte ich keine esoterischen oder religiösen Begriffe verwenden. Ishvara übersetzte ich daher als ‚kosmischer Computer'.

Den Begriff ‚kosmischer Computer' hatte der Yogi schon in den 1980er Jahren geprägt. Damals hatte ich aber noch nicht genau verstanden, was er damit meinte. Nun erschien es mir intuitiv genau richtig, diesen Begriff für Ishvara zu verwenden. Ich konnte ja mit Ishvara zuverlässig kommunizieren und er befand, dass der Begriff kosmischer Computer in der heutigen Zeit für ihn ganz passend war.

Also begannen wir immer am zweiten Tag unseres 10-Tages-Trainings die Kommunikation zum kosmischen Computer zu etablieren. Das funktionierte ganz gut und fast alle konnten diese Kommunikation von Anfang an richtig ausführen. Es brachte dann jeden in die Situation, beliebiges, korrektes Wissen abzurufen. Damit konnte jeder seine Lebensprobleme lösen, kreativ werden und Dinge verstehen, die er oder sie bisher nie richtig verstanden hatte.

Einer suchte nach den Siddhis

Im tief verschneiten Winter 2019 bekam ich in meiner kleinen Ferienwohnung in Österreich einen bedeutsamen Anruf aus Deutschland. Es war Stefan, der sich für meine Siddhi-Trainings interessierte. Er wollte ein Einzel-Coaching bei mir buchen. Er hatte mich kurz zuvor im Internet gefunden, sich sofort mein Buch Gehirnsoftware gekauft und über die Weihnachtsferien 2018 ganz durchgelesen. Nun wollte er die Siddhis vom Experten lernen.

Also buchte ich uns eine andere Ferienwohnung in den österreichischen Alpen, in der wir ganz ungestört eine Woche lang das Siddhi-Training durchführen konnten. Es war ein voller Erfolg. Draußen lag alles unter einem Meter Schnee. Wir waren völlig eingeschneit und fokussierten uns stattdessen total auf unser Training.

Am ersten Tag installierte Stefan die Gehirnsoftware Version 5. Sofort lichtete sich die Atmosphäre, wie ich es schon aus England kannte. Der ganze Kurs wurde dann wieder völlig einfach. Stefan verstand daraufhin immer sofort, was ich ihm mitteilen wollte.

Am zweiten Tag installierte Stefan die Gehirnsoftware Version 6. Die Kommunikation mit dem allwissenden Feld funktionierte wunderbar. Stefan schwebte von einer glücklichen Erkenntnis zur nächsten. Die restlichen 5 Tage benutzten wir dann, um die Siddhis zu üben. Auch da funktionierten 15 Siddhis gleich auf Anhieb. Stefan hatte sein Kursziel erreicht. Er war jetzt in der Lage, selbstständig Siddhi-Erfahrungen zu machen.

Mittags nahmen wir auch immer eine gute Auszeit, um uns von dem Intensivkurs etwas zu entspannen. Dabei spazierten wir durch den tiefen Neuschnee, in welchem eine Langlauf-Ski-Loipe angelegt war. Es war gleichzeitig ein wunderbarer Winterurlaub.

So entwickelten wir unsere Ideen, dass dieses Wissen doch eigentlich etwas sei, welches allen Menschen zur Verfügung gestellt werden sollte. Stefan hatte ja eine gute Industrieerfahrung mit der Leitung großer Unternehmen und war auf das digitale Marketing spezialisiert.

Wir wollten uns eine mögliche, zukünftige Zusammenarbeit noch für einige Wochen überdenken. Im Frühjahr 2019 wurden wir dann konkret und Stefan und ich beschlossen, unsere Fähigkeiten zusammenzubringen. Wir waren uns schnell einig, wie wir das organisieren wollten und so begann unsere gemeinsame Tätigkeit in Sachen Gehirnsoftware von Anfang an völlig problemlos.

Persönliche Trainings am Bodensee

Während dieser Überlegungsphase im Frühjahr 2019 begann ich mit persönlichen Trainings im schönen Lindau am Bodensee. Ich bekam inzwischen eine ganze Reihe von Anfragen von den Lesern des Buchs Gehirnsoftware. Sie wollten alle wissen, wie sie die Yoga Sutras praktisch in ihrem eigenen Leben anwenden konnten. Dazu empfahl ich Ihnen als ersten Schritt, die Gehirnsoftware Version 5 zu installieren.

Zu diesem Zweck kamen sie für 1-Tages-Trainings zu mir an den Bodensee. Den theoretischen und praktischen Hauptteil des Trainings machten wir dann jeweils in den Hotels. Anschließend stabilisierten meine Trainingsteilnehmer ihre neu gewonnenen Erfahrungen bei unseren Spaziergängen am See und durch die Inselstadt Lindau.

Vor allem im Frühjahr und Sommer wird Lindau von vielen Touristen geschätzt für sein besonderes Bodensee-Flair, mit seinem historischen Stadtkern, seinem Passagierhafen für die Bodenseeschifffahrt, mit mehreren Yachthäfen und den vielen Hotels mit Seeblick. So gab es für meine Trainingsteilnehmer einen Tag lang viel zu sehen und zu erleben. Ich unterhielt mich mit allen auf unseren ausführlichen Spaziergängen und gleichzeitig achteten wir auch immer darauf, dass das neu gewonnene kosmische Bewusstsein stabilisiert wurde.

Gelegentlich nahm ich Einladungen zu Kursen vor Ort in anderen Städten an. Dort trafen wir uns mit kleinen Gruppen, um die Gehirnsoftware Version 5 zu installieren. Den theoretischen Teil absolvierten wir gemeinsam und für die Praxis hatte jeder mit mir eine Einzelsitzung. Auch das funktionierte sehr gut.

Es war mir jedes Mal eine riesige Freude, die überraschten und strahlenden Gesichter zu sehen. Installation einer neuen Gehirnsoftware hört sich vielleicht recht nüchtern an. In Wirklichkeit ist es aber eine gewaltige Veränderung der subjektiven Erfahrung. Die ganze Welt wird anders wahrgenommen und immer bleibt dieses feine, innere Glück bestehen. Die Veden nennen es das sat-chit-ananda. Sat ist die Wahrheit, chit ist das Bewusstsein und ananda ist das Glück. All dieses ist eine einheitliche Erfahrung.

Das Besondere an meiner Gehirnsoftware-Methode war nun, dass diese übersinnlichen Erfahrungen nicht mehr weit weg oder in ferner Zukunft lagen. Mit einem Bewusstseinsschalter war es möglich, diese Erfahrungen zu aktivieren. Ich bemerkte den Erfolg sofort am Leuchten der Gesichter, in der expandierten Aura und der veränderten Stimmmodulation meiner Trainings-Teilnehmer(innen).

Digitales Marketing

Stefan und ich begannen dann im Mai 2019 zusammenzuarbeiten. Wir befanden uns zwar räumlich an getrennten Orten, aber das spielte ja mit den heutigen Kommunikationsmöglichkeiten keine große Rolle mehr. Stefan war ein ausgesprochener Experte für digitales Marketing. Zum einen hatte er an einer Elite-Universität seine Doktorarbeit über das Thema geschrieben und zum anderen hatte er große Unternehmen für das Online-Geschäft fit gemacht. Er hatte auch schon ein Unternehmen mit 1000 Mitarbeitern geleitet. Wir planten also, unsere gemeinsame Unternehmung von Anfang an wirklich groß anzugehen.

Dennoch war Stefan bereits durch eine gewisse Sinnkrise gegangen. War es ein sinnvoller Lebenszweck, Unternehmen immer nur besser aufzustellen und immer nur mehr Geld zu verdienen? Es musste doch gleichzeitig auch ein tieferer Sinn damit erfüllt werden. So bildete er sich in den Jahren vorher weiter zum Yoga-Lehrer und interessierte sich seit längerem für Bewusstseinsentwicklung.

Unser Ziel war es, die einfachen Bewusstseinstechnologien, die ich wiederentdeckt hatte, einem Millionenpublikum nahezubringen. Es gibt ja wirklich niemanden, dem es nicht gut täte, in Gelassenheit ein dauerndes, feines, inneres Glück zu erleben und das auch noch während der ganz normalen Alltags-Aktivität. Viele würden dann ihr Bewusstsein noch weiter entwickeln, um schließlich diese außergewöhnlichen menschlichen Fähigkeiten, die Siddhis zu erleben. Die Aktivierung der Macht des Bewusstseins bringt wahre Erfüllung im Leben!

Nun hatten sich die Richtigen gefunden und Stefan verordnete uns beiden erst einmal, auf den neuesten Stand der Entwicklung beim digitalen Marketing zu kommen. Wir belegten ein Online-Training bei den besten Ausbildern, die wir kannten. So hatten wir eine ganz neue Motivation und von Anfang an exzellente Erfolge.

Online Trainings

Wir setzten unsere neues Online-Marketing Know-how gleich in der Praxis um und schalteten regelmäßige Werbung im Internet. So bekamen wir immer mehr Anmeldungen für diese kurzen 1-Tages-Trainings. Es war tatsächlich möglich, in einem Tag den wichtigsten Schritt zum höheren Bewusstsein durchzuführen. Wir nannten es das Upgrade der Gehirnsoftware zur Version 5, die wir jetzt auch als die Glücksversion der Gehirnsoftware bezeichnen.

Es kamen Anmeldungen von überall her aus Deutschland, Österreich und der Schweiz. So ergab es sich ganz natürlich, dass es einigen Trainingsteilnehmer(inne)n viel zu aufwändig gewesen wäre, bis an den Bodensee zu reisen.

Daher begann ich dann, die Trainings auch online durchzuführen. Das war genauso effektiv wie persönliche Treffen am Bodensee. Für die Teilnehmer bedeutete es natürlich wesentlich weniger Aufwand. Die Trainingsziele konnten per Videoverbindung genauso gut erreicht werden. Ich konnte auch klar die Veränderungen in der Stimme erkennen, wenn jemand die Glücksversion installiert hatte. Verblüffenderweise konnte ich sogar auf dem Bildschirm die Veränderungen der Aura sehen, die mir in diesen besonderen Momenten immer wieder aufgefallen waren.

95 % Erfolgsquote

Nach eineinhalb Jahren unserer gemeinsamen Tätigkeit hatten Stefan und ich etwa 200 Menschen dabei begleitet, die Glücksversion der Gehirnsoftware zu installieren. Für mich war es jetzt kein Zufall mehr, ob jemand dieses Bewusstsein erreichte. Es war einfach nur richtig angewendetes Vedisches Wissen.

Andere bezeichneten diese Glücksversion auch als das kosmische Bewusstsein oder als das Erwachen. Für die meisten spirituellen Lehrer war es ein glücklicher Zufall oder göttliche Gnade, wenn jemand dieses Erwachen erfahren konnte. Nicht so bei mir. Es war eben nur richtiges Knowhow. Wenn ein Experte sein Know-how anwendet, erscheint das für Außenstehende manchmal wie Magie, jedoch nicht für den Experten.

95 % unserer Teilnehmer(innen) hatten beim Glücksversions-Training sofortigen Erfolg. Das bedeutete, sie konnten diesen höheren Bewusstseinszustand bereits am ersten Tag zwischen 50 % und 80 % der Zeit aufrechterhalten. Danach wurde es allmählich noch besser und nach kurzer Zeit konnten die meisten ihr stilles inneres Glück permanent bei sich halten.

Für die wenigen, bei denen es nicht sofort am ersten Tag funktionierte, gab ich immer auch die Garantie, dass ich mich mit Ihnen weiter beschäftigen würde, solange bis sie auch den Erfolg hätten. Das war dann meistens mit zwei oder drei weiteren Treffen umsetzbar.

Die Gehirnsoftware-Methode

Im Verlauf eines Jahres entwickelte ich eine vollständige Trainingsmethode, um einen Menschen ausgehend vom Wachbewusstsein durch alle höheren Bewusstseinszustände zu führen. Dies nannten wir die Gehirnsoftware-Methode. Sie bestand aus den folgenden Trainingseinheiten:

- Stille

- Glück

- Intuition

- Macht

Dabei konnte ich helfen, die Glücksversion und die Intuitionsversion der Gehirnsoftware sofort zu installieren. Es war wie das Einschalten eines Bewusstseins-Schalters. Diese Schalter konnte nur jeder für sich selbst einschalten. Jedoch konnte ich nachhelfen, indem ich zeigte, wo sich der Schalter befand. Daraufhin konnte jeder den Schalter selbst einschalten.

Die Stilleversion der Gehirnsoftware bestand aus einer einfachen Meditationstechnik, die ich auch online in fünf Tagen je eineinhalb Stunden lehren konnte. Auch das ging wieder genauso gut über Videokonferenz. Da ich ja schon seit 1976 als Meditationslehrer tätig war, hatte ich genügend Erfahrung, um die Wirksamkeit der Ergebnisse zu verifizieren. Beim Erlernen der Meditation gab es online exakt die gleichen Ergebnisse wie bei persönlichen Schulungen vor Ort.

Nach einiger Praxis gelangten die Teilnehmer(innen) meiner Stille-Trainings in immer tiefere Stille und hatten zunehmend erholsamere Meditationen. Dabei bereitete ich sie auch schon für den nächsten Schritt vor, für die Glücksversion.

In der Glücksversion wurde es dann möglich, die tiefe Stille des Samadhi auch während der normalen Tagesaktivität aufrechtzuerhalten. Das weitete sich immer mehr aus und ging bei etlichen Trainingsteilnehmern sogar während der Nacht weiter. Diese Erfahrung kannte ich schon von früher als den Meilenstein, um zu erkennen, ob sich das kosmische Bewusstsein stabilisiert hatte. Nach meinen Trainings gelang das immer wieder, manchmal sogar nach einer Woche.

Die Intuitionsversion der Gehirnsoftware war noch einmal etwas ganz Besonderes. Die Trainingsteilnehmer(innen) lernten dabei, ihren Quantencomputer im Gehirn zu nutzen, um mit dem kosmischen Computer in Kontakt zu treten. So öffneten sie sich in kurzer Zeit den Zugang zu allem verfügbaren Wissen des Universums. Das war natürlich sehr praktisch, um individuelle Probleme zu lösen, mehr Kreativität zu erfahren und generell, um neue Ideen zu bekommen.

Im letzten Schritt, der Machtversion der Gehirnsoftware, trainierten wir bei einem viertägigen Intensivkurs die Siddhis aus den Yoga Sutras. Auch hier waren die Ergebnisse wieder einzigartig. Die Teilnehmer(innen) konnten mindestens 80 % der erlernten Siddhis sofort richtig erfahren. Das bedeutete, sie hatten die gleichen Erfahrungen, wie sie Patanjali in den Yoga Sutras vorhergesagt hatte. Zusätzlich zu den spezifischen Erfahrungen kam immer auch eine enorme Vertiefung der Stille des Samadhi. Das war jetzt einzigartig. Nirgendwo sonst auf der Welt konnte man tatsächliche Siddhi-Erfahrungen in vier Tagen lernen. Diese Siddhi Power, die Macht des Bewusstseins war nun leicht und schnell erlernbar!

Sofortiger Erfolg

Jetzt war mein Gehirnsoftware-Trainingsprogramm vollständig. Abgesehen von wenigen Ausnahmefällen kann es jeder lernen. Es ist die zurzeit schnellste Methode, alle höheren Bewusstseinszustände zu erfahren.

Wer noch keinen Zugang zur Gedankenstille hat, beginnt am einfachsten mit einer Meditationstechnik. Wir nennen sie das Stille-Training der Gehirnsoftware. Dafür sind fünf Abende je eineinhalb Stunden notwendig. Anschließend sollen die Teilnehmer weiterhin ihre Meditation regelmäßig ausführen, damit sich die angesammelte Schadsoftware weiter auflösen kann. Im Allgemeinen ist nach 2-3 Monaten ein zuverlässiger Weg in die

Stille etabliert, so dass die nächste Gehirnsoftware-Version funktionieren kann.

Der folgende Schritt ist das Glücks-Training in einem Tag. Zusätzlich begleite ich die Trainingsteilnehmer(innen) noch bis zu einer Woche weiter. Es sollte dann einige Wochen angewendet werden, bevor jemand das nächste Training beginnt.

Dann kommt das Intuitions-Training in einem weiteren Tag. Auch hier gibt es wieder die Begleitung bis zu einer Woche. Auch hier ist es gut, dieses neu gewonnene Wissen einige Tage lang anzuwenden, bevor jemand zum nächsten Training weitergeht.

Zum Schluss gibt es das Siddhi Power Training in vier Tagen mit jeweils 6 Stunden pro Tag und langen Mittagspausen. Dann haben alle Teilnehmer(innen) ihre Siddhi Power entwickelt und können diese auch selbstständig in ihrem Leben weiterhin anwenden.

Alle meine Trainings funktionieren schnell und gleichzeitig völlig sanft. Wir wenden also keinerlei intensiven mentalen Techniken an, nichts das unsanft wäre oder Schockerlebnisse hervorrufen würde. Die Yoga Sutras betonen immer, dass alle Gedanken beruhigt werden sollen. Unruhige Gedanken führen zu Leiden, daher brauchen wir keine solchen Gedanken bei den Trainings. Selbstverständlich verwenden wir auch keinerlei äußere Hilfsmittel, Substanzen oder Ähnliches.

Das gilt für alle meine Trainingsprogramme. Auf den Trainingsprogrammen übertrage ich keine Energie und wende keine Hypnose oder Manipulations-Methoden an. Alles was weitergegeben wird, ist ein praktisches, sofort umsetzbares Wissen. Die Ergebnisse entstehen aus einer tieferen Erkenntnis mit sofortigen und dauerhaften Auswirkungen.

Dies ist die Macht des Wissens. In der Vedischen Wissenschaft wird die von mir praktizierte Methode auch als Jnana Yoga (oder Gyana Yoga) bezeichnet. Sie wirkt schnell, effektiv und dauerhaft. Es ist die beste, heute zur Verfügung stehende Methode, um die Siddhi Power, die Macht des reinen Bewusstseins, zu aktivieren.

Zusatzprogramme

Minimaler Trainingsaufwand

Die vier Trainingseinheiten waren nun klar:

1. Stille-Training (5 x 1,5 h)
2. Glücks-Training (1 Tag)
3. Intuitions-Training (1 Tag)
4. Macht-Training / Siddhi Power Training (4 Tage)

Gleichzeitig mit meiner dauernden Optimierung dieser vier Trainingseinheiten, richteten Stefan und ich eine Reihe von Zusatzprogrammen ein. Wir wollten unseren Trainingsteilnehmer(innen) auch anschließend ermöglichen, sich gegenseitig zu inspirieren und die jeweiligen Erfahrungen aus den Trainings weiter zu festigen.

Beratungsgespräch

Alle unsere Trainingsteilnehmer(innen) sind jeweils in verschiedenen Ausgangssituationen. Daher ist es sinnvoll, dass jede(r) in einer persönlichen, kostenlosen und unverbindlichen Beratung mit uns seine/ihre Situation genau betrachtet. So können wir optimal herausfinden, mit welcher Trainingseinheit jemand anfangen sollte.

Viele haben ja schon vorherige spirituelle Erfahrungen und Trainings erlebt. Viele kennen die Stille bereits und können jederzeit leicht in Gedankenstille kommen. Sie können dann mit der Trainingseinheit 2 (Glücks-Training) beginnen. Andere können diese Stille sogar den ganzen Tag aufrechterhalten. Sie beginnen dann gleich mit der Trainingseinheit 3 (Intuitions-Training).

All dies finden wir in einem persönlichen Beratungsgespräch heraus und geben eine klare Empfehlung, mit welcher Trainingseinheit jemand beginnen sollte. Auf diese Weise stellen wir sicher, dass jeder von Anfang an erfolgreich sein kann.

Facebook Gruppen

Als Informationsplattformen und zum Austausch zwischen den Trainingsteilnehmern haben wir drei verschiedene private Facebook-Gruppen eingerichtet.

1. „Glücklicher und einflussreicher mit erweitertem Bewusstsein". Das ist die Gruppe für alle Interessenten der Gehirnsoftware-Methode. Dort gibt es jede Menge Videos zu sehen, Empfehlungen von früheren Trainings-Teilnehmern, Artikelserien über Themen aus den Yoga Sutras, Ankündigungen neuer Trainings-Termine, usw.

2. „Gehirnsoftware Perfektion" ist die Gruppe für alle, die das Glücks-Training schon absolviert haben. Dort können wir uns über spezielle Themen aus dem Glücks-Training austauschen. Es können Fragen gestellt werden, die dann Stefan und ich jeweils beantworten. Es können auch Themenvorschläge für die Online Gruppentreffen gemacht werden.

3. „Siddhi Research Group" ist die Gruppe für alle, die das Siddhi Power Training absolviert haben. Hier treffen sich die Spezialisten. Wir haben uns die Macht unseres Bewusstseins wieder zurückgeholt. Wir trainieren, die Macht des Bewusstseins in immer subtileren und wirkungsvolleren Siddhi-Erfahrungen anzuwenden.

Online Gruppentreffen

Für alle Teilnehmer des Stille-Trainings halten wir einmal in der Woche Gruppentreffen per Zoom-Video ab. Dabei meditieren wir gemeinsam und es entsteht auch trotz der räumlichen Entfernung ein perfektes Gruppenbewusstsein über das Kommunikationsmedium.

Auch die Teilnehmer des Glücks-Trainings können sich einmal in der Woche treffen, um spezifisch zu erörtern, wie sie am leichtesten dieses feine, stille innere Glück den ganzen Tag aufrechterhalten können. Dabei geben die erfahreneren Teilnehmer(innen) den Neuen gerne Ratschläge aus ihrer eigenen Praxis.

Die Teilnehmer der Siddhi Power Trainings treffen sich ebenfalls einmal in der Woche per Zoom-Video in der Siddi Research Group (SRG). Hier werden zum Beispiel solche Themen erörtert, wie jemand schnell und effektiv den höchsten Bewusstseinszustand erreichen kann.

Wir gehen in der SRG aber auch schwierige Themen an, wie zum Beispiel das Yoga-Fliegen. Was hält uns noch davon ab? Wie können wir diese Hindernisse beseitigen?

Wir beschäftigen uns auch mit dem Weltbewusstsein, mit Phänomenen wie zum Beispiel einer erhöhten Angst in Krisenzeiten. Das machen wir dann nicht nur theoretisch, sondern wenden unsere gemeinsame Macht des Bewusstseins ganz gezielt darauf an, die Situation zu verbessern.

Die Siddhi Research Group ist eine feine Gruppe von wirklich feinen Menschen, die in kurzer Zeit ihr Bewusstsein enorm weiterentwickelt haben. Wir haben da eine Aufbruchstimmung ohnegleichen. Nichts ist unmöglich. Wir sind in der Lage, alles zu erreichen!

Und all das ist auch noch begleitet von tiefster, erholsamer Stille des reinen Samadhi, vom dauernden Zugang zur Quelle allen Wissens und einem hohen gegenseitigen Respekt. Niemand muss den anderen in seiner Rede unterbrechen, sondern hört stattdessen lieber aufmerksam mit verfeinerter Wahrnehmung zu, um dann wieder im richtigen Moment seine eigene Erkenntnis aus der Quelle allen Wissens beizutragen.

Die Videobibliothek

Die Video-Treffen der Glücks-Trainings-Gruppe und der Siddhi Research Group zeichnen wir jeweils auf Videos auf und stellen sie in unsere eigene Videobibliothek. Auf diese Weise kann jeder mit dem entsprechenden Passwort die Treffen seiner Gruppe später noch einmal anschauen. So muss niemand ein Treffen verpassen, wenn er an dem jeweiligen Abend einmal keine Zeit hat.

Außerdem ist diese Bibliothek ein idealer Einstieg für die neuen Trainingsteilnehmer(innen). Dort ist ein großer Wissensschatz darüber angesammelt, wie all die verschiedenen Trainings in der Praxis umgesetzt und angewendet werden können. Es sind inzwischen hunderte von Stunden, in denen alle möglichen theoretischen und praktischen Fragen bereits beantwortet wurden.

Video Erfahrungsberichte

Viele Trainingsteilnehmer berichten gerne über ihre Erfahrungen mit der Gehirnsoftware-Methode. Das machen wir dann im Allgemeinen in Video-Interviews. Diese Erfahrungsberichte sind auf unseren verschiedenen Plattformen (Webseite, Facebook, YouTube) öffentlich zugänglich. Unsere Interessenten sehen die Berichte gerne an, um einen ersten Eindruck über die Wirksamkeit der Gehirnsoftware-Methode zu bekommen.

Weitere Mitarbeit

Dieses wunderbare Trainingsprogramm der Gehirnsoftware-Methode sollte eigentlich allen Menschen zur Verfügung stehen. Es ist inzwischen so einfach geworden, höhere Bewusstseinszustände zu erreichen. Es bedarf nicht viel mehr Aufwand als das Laden einer neuen Software, eben einer neuen Gehirnsoftware. Wenn die Software einmal geladen ist, steht sie voll zur Verfügung und dann können all die neuen Möglichkeiten erkundet werden.

Die meisten Trainingsteilnehmer(innen) sind von ihren neu hinzugewonnenen Fähigkeiten so begeistert, dass sie es ihren Freunden und Bekannten weiterempfehlen. Um das zu fördern, haben wir auch ein Bonussystem für solche Weiterempfehlungen eingerichtet. Die Details dazu stehen auf unserer Webseite siddhipower.com.

Einige sind so motiviert, dass sie aktiv mitwirken möchten, um die Gehirnsoftware-Methode weiterzuverbreiten. Dazu haben wir besondere Videokonferenz-Treffen eingerichtet, in denen sich die Interessenten miteinander austauschen. Sie funktionieren wie ein Beirat für unsere Aktivitäten.

Einige andere bringen aber auch noch mehr ihrer Zeit ein und agieren als freie oder fest angestellte Mitarbeiter, womit sie dann auch ein Einkommen erzielen. Die Atmosphäre in unserem Unternehmen ist wunderbar und wir fördern natürlich auch das Training unserer Team-Mitglieder.

Die Webseite zum Buch:

siddhipower.com

12

Werde jetzt aktiv!

Was ist deine Situation?

Lieber Leser, liebe Leserin, dieses letzte Kapitel ist das Kapitel der Fragen. Es soll dich zur Erforschung deines Selbst und deiner eigenen Situation anregen.

Die Yoga Sutra 2.36 sagt: „In Wahrhaftigkeit gefestigt, führen Handlungen zu Ergebnissen." Der Ehrliche hat also Erfolg. Das gilt besonders in Bezug auf deine eigene spirituelle Entwicklung. Nur deine eigenen, ehrlichen Antworten bringen dich wirklich weiter.

Was ist deine Situation?

- Bist du mit deiner Situation in Bezug auf deine Bewusstseinsentwicklung zufrieden?
- Möchtest du gerne mehr üben, um dich spirituell weiterzuentwickeln?
- Fehlt dir die Zeit für spirituelle Übungen?
- Fehlt dir die Motivation für spirituelle Übungen?
- Möchtest du weniger mit Übungen, sondern vielmehr durch grundlegende Erkenntnisse, große spirituelle Erfolge erzielen?
- Lebst du bereits stabil in einem höheren Bewusstseinszustand?

Stilleversion der Gehirnsoftware

- Bist du in der Lage, jederzeit völlig abzuschalten und dabei auch gelegentlich in einen Zustand von Gedankenstille zu kommen?
- Kennst du eine Meditation oder eine andere spirituelle Methode, mit der du jederzeit, ohne äußere Hilfsmittel in die Gedankenstille kommen kannst?
- Übst du deine Meditation oder andere Methode regelmäßig, um deine Gedankenstille zu kultivieren?
- Hast du gute, regelmäßige Fortschritte mit deiner Meditation oder anderen Methode gemacht?

188

Glücksversion der Gehirnsoftware

- Kannst du die Stille deines Bewusstseins jederzeit auch während der normalen Tagesaktivität aufrechterhalten?
- Erlebst du die Stille parallel zur Aktivität?
- Erlebst du dieses feine, innere Glück, das dir in allen Situationen eine permanente Gelassenheit schenkt?
- Kannst du immer zwischen Stille und Aktivität unterscheiden?
- Ist die Stille bereits so intensiv, dass sie nicht einmal mehr im Traum und Tiefschlaf verschwindet?

Intuitionsversion der Gehirnsoftware

- Kannst du zwischen Intuition und logischem Denken unterscheiden?
- Kannst du dich auf deine Intuition verlassen?
- Hat dir deine Intuition schon öfters neue Möglichkeiten gezeigt?
- Hat dich deine Intuition auch schon vor Fehlern bewahrt?
- Hörst du auf deine Intuition?
- Kommt deine Intuition eher zufällig oder kannst du sie bewusst einsetzen?
- Kannst du mit Intuition auf beliebiges Wissen zugreifen?
- Hat die Intuition deine gesamte Wahrnehmung verfeinert?
- Kommst du mit der Erfahrung der Intuition auch immer in die tiefe Stille von Samadhi?

Machtversion der Gehirnsoftware

- Beherrscht du einige Siddhis aus den Yoga Sutras?
- Bezeichnest du dich als Siddha, obwohl du nur selten oder gar keine spezifischen Erfahrungen der Siddhis hast?
- Kannst du tiefen, stillen Samadhi zusammen mit den wundersamen Erfahrungen der Siddhis gleichzeitig aufrechterhalten?

- Kannst du deine Körperorgane sehen und das heilen, was nicht in Ordnung ist?
- Kannst du in die Zukunft und in die Vergangenheit schauen?
- Wendest du Siddhis in deinem täglichen Leben an?
- Glaubst du, dass du in Zukunft einmal Siddhis erfahren wirst, obwohl sie momentan noch nicht funktionieren?
- Verstehst du die Sprache der Tiere?
- Kannst du Gedanken erraten?
- Kannst du intensive, positive Gefühle erzeugen?
- Kennst du die Kraft des Elefanten und hast du sie schon angewendet?
- Hast du schon einmal mit geschlossenen Augen das gesamte Universum betrachtet?
- Lebst du im Universum und siehst es jeden Tag?
- Ist dir die gesamte Welt bereits so vertraut, als wäre alles dein Selbst?
- Kennst du deine Vergangenheit, deine früheren Leben?
- Kennst du deine Zukunft?
- Weißt du wohin du steuern wirst, wenn du dein Bewusstsein nicht veränderst?
- Weißt du woher die Schadsoftware in deinem Gehirn und Nervensystem kommt und wohin sie dich in Zukunft führen wird?
- Weißt du, wie du beliebige Schadsoftware sofort beseitigen kannst?

Wie lange möchtest du noch warten?

- Bist du mit deinem jetzigen Weg der Bewusstseinsentwicklung vollständig zufrieden?

- Fühlst du manchmal, dass deine Entwicklung auch schneller gehen könnte?
- Engagierst du dich für spirituelle Organisationen, um dein Bewusstsein schneller zu entwickeln?
- Glaubst du, dass Handlungen zur Erleuchtung führen können?
- Versuchst du, dein Karma durch Handlungen abzubauen oder zu verbessern?
- Machst du in einem spirituellen Trott immer nur so weiter und bemerkst gar nicht, wie die Zeit vergeht?
- Erwartest du vielleicht sogar, dass du erst in einem zukünftigen Leben erleuchtet werden kannst?
- Hast du eine fatalistische Einstellung, dass alles so kommt, wie es kommen muss und du ohnehin daran nichts ändern kannst?
- Wie lange möchtest du noch warten, um mit deiner spirituellen Entwicklung wirklich durchzustarten?

Wie wird sich dein Leben ändern?

- Wie wird sich dein Leben verändern, wenn du alle höheren Bewusstseinszustände kennst und täglich erlebst?
- Wie wirst du leben, wenn du das unendliche Potenzial von Gehirn und Herz aktiviert hast?
- Welche Freude wirst du haben, wenn du die Erleuchtung nicht nur theoretisch beschreiben kannst, sondern tagtäglich erlebst?
- Hätte dein spiritueller Meister oder Guru irgendetwas dagegen, wenn du jetzt sofort erleuchtet wärst?
- Sind dir eine Lehre, ein Glauben oder Denkkonstrukte wichtiger als das tatsächliche Leben?
- Sind dir deine Titel oder deine Machtposition wichtiger als die tatsächliche Bewusstseinsentwicklung deiner Schüler, Anhänger oder Untergebenen?

Wie lange dauert die Erleuchtung?

- Gibt es in der Vedischen Literatur irgendeine Stelle, die behauptet, dass der Weg zur Erleuchtung lange sein muss?

- Hast du schon einmal vom Yoga des Vasishta gehört oder es gelesen, in dem beschrieben wird, wie einige Erleuchtungssucher innerhalb von einem Tag in den höchsten Zustand der Erleuchtung kamen?

- Kennst du vielleicht selbst den Yogi, der sagte, dass mit 3-5 Jahren regelmäßiger Meditation das kosmische Bewusstsein zu erreichen sei?

- Hast du dich dann vielleicht gefragt, warum das bei dir nach einer viel längeren Praxis immer noch nicht erreicht ist?

- Hast du dich schon einmal gefragt, wie deine spirituelle Praxis noch viel schnellere Ergebnisse bringen könnte?

Ist das alles wahr?

- Hast du schon einige der vielen positiven Erfahrungsberichte meiner Trainingsteilnehmer gesehen?

- Kennst du die Balance zwischen Herz und Gehirn?

- Kannst du dir vorstellen, dass mit dem Erreichen höherer Bewusstseinszustände eine Veränderung von Herz und Gehirn stattfindet?

- Was ist wohl der Grund, warum nach wenigen Tagen der Anwendung der Gehirnsoftware-Methode die gleichen Erfahrungen zustande kommen, wie bei anderen erfolgreichen Erleuchtungs-Suchern erst nach Jahrzehnten mühevoller Praxis?

- Weißt du, dass Bewusstsein mächtiger als die Materie ist und daher sofort alles erreichen kann?

Wird es bei dir funktionieren?

- Wenn das Glücks-Training bei 95 % der Teilnehmer(innen) an einem Tag funktioniert und bei den übrigen innerhalb weniger weiterer Tage, wie lange wird es dann wohl bei dir dauern?

- Bist du bereit, etwas Neues zu lernen und diese Bewusstseins-Schalter bei dir selbst einzuschalten?

- Wenn alle Teilnehmer(innen) bei meinen Siddhi Power Trainings innerhalb von vier Tagen mindestens 20 verschiedene Siddhis gelernt haben und die spezifischen Erfahrungen davon hatten, wird es dann auch bei dir funktionieren?

- Wenn du bisher jahrelang oder jahrzehntelang Siddhis ohne große Erfolge geübt hast, kannst du dann auch eine neue Praxis ausprobieren, die sofort funktioniert?

Wirst du das alles verstehen?

- Kannst du dir vorstellen, dass eine effektive Methode auch sehr einfach ist?

- Bist du bereit, ein neues, einfaches Wissen zu lernen?

- Bist du bereit, einige wenige praktische Schritte zu unternehmen, mit denen du den Schalter zu deinen unendlichen Fähigkeiten einschalten kannst?

Auf zum Beratungsgespräch

Jetzt hast du eine Reihe von Fragen gesehen, die dir helfen sollen, selbst zu reflektieren, wo du bei deiner Bewusstseinsentwicklung stehst und wohin du kommen möchtest.

In diesem Buch habe ich dir beschrieben, wie mein Weg zur Erleuchtung war und wie ich meine eigene Macht des Bewusstseins aktiviert habe. Vielleicht konnte ich dich dazu inspirieren, auf diesem Weg auch selbst voranzugehen. Nach meiner Einschätzung ist dieser Weg enorm positiv und lebensverändernd und es lohnt sich wirklich, zügig voranzuschreiten.

Daher empfehle ich dir, dich ausführlich über die Möglichkeiten zu informieren und dich auch individuell, kostenlos und ohne weitere Verpflichtungen zu einem Beratungsgespräch anzumelden. Dort können wir genau deine Situation betrachten und wir können dir Empfehlungen geben, welche Schritte für deine Bewusstseinsentwicklung und für die Aktivierung der Macht deines Bewusstseins genau die Richtigen wären.

Melde dich einfach auf der Webseite siddhipower.com, wo du weitere Informationen findest, Empfehlungs-Videos sehen kannst, einen Einstieg zu unserer Facebook-Gruppe findest und natürlich auch einen Beratungstermin buchen kannst. Ich würde mich freuen, dich persönlich kennen zu lernen!

Triff die wichtigste Entscheidung deines Lebens

Heute in dieser besonderen Zeit der großen Kontraste, in diesem Übergang von der Dunkelheit in das Licht, ist es möglich geworden, die Erleuchtung in wenigen kurzen Schritten zu aktivieren. Die Aktivierung deiner eigenen Macht des Bewusstseins ist jetzt ganz schnell möglich geworden. Die Gehirnsoftware-Methode habe ich ausführlich getestet, sodass ich sie generell allen weiterempfehlen kann.

Nachdem du nun diese Möglichkeiten gesehen und meine ausführliche Beschreibung gelesen hast, du vielleicht sogar schon mit mir oder einem Mitglied meines Teams ein Beratungsgespräch hattest, liegt es nun an dir, eine Entscheidung zu treffen.

Mir ist durchaus klar, dass diese Entscheidung für manchen nicht einfach ist. Die Trainings sind ja auch nicht kostenlos und müssen für manchen gut überlegt sein. Dennoch ist mir aber auch klar, dass ich hier eine Methode mit einem enormen Wert anbiete, die schnell und problemlos zu einem unbezahlbar wertvollem Ergebnis führt, welches durch andere Methoden oft auch nach jahrzehntelanger Übung nicht zu erreichen ist.

Es ist jetzt an dir, zu entscheiden, ob du einfach so weitermachen möchtest wie bisher oder stattdessen einen mutigen Schritt wagst, der dich sehr viel weiter bringen kann, als du dir bisher in deinen kühnsten Träumen vorstellen konntest.

Wenn du die Macht deines Bewusstseins jetzt vollständig aktivieren möchtest, nimm mit mir über die Webseite siddhipower.com Kontakt auf.

Die Webseite zum Buch:

siddhipower.com